Winfried Miller

Quelle des Lebens: Enzyme

Winfried Miller

Quelle des Lebens: Enzyme

Wie sie wirken und helfen

ZUCKSCHWERDT

W. Zuckschwerdt Verlag
München Wien New York

Wichtiger Hinweis:
Bitte beachten Sie bei der Einnahme von Medikamenten immer die Dosierungsangaben auf dem Beipackzettel.

Bildnachweis:

Fotosearch	Titelseite
Getty Images	Seiten 12, 16, 22, 49, 60, 71, 124, 129, 133
Mucos	Seiten 17, 18, 26, 52, 54, 56, 58, 59, 67, 76, 96, 100
Zuckschwerdt	Seiten 31, 33, 35, 40, 46, 62, 69, 80
W. Szczesny	Seiten 54, 56

Auslieferungen W. Zuckschwerdt Verlag GmbH

Brockhaus Commission
Verlagsauslieferung
Kreidlerstraße 9
D-70806 Kornwestheim

Österreich:
Maudrich Verlag
Spitalgasse 21a
A-1097 Wien

USA:
Scholium International Inc.
151 Cow Neck Road
Port Washington, NY 11050

Bibliografische Information Der Deutschen Bibliothek
Die Deutsche Bibliothek verzeichnet diese Publikation in der Deutschen Nationalbibliografie; detaillierte bibliografische Daten sind im Internet über http://dnb.ddb.de abrufbar.

Printed in Germany by grafik+druck München

ISBN 3-88603-859-9

Inhalt

Quelle des Lebens: Enzyme 3
Was sind Enzyme? 3
Gesucht: Ganz besondere Proteine 4
Enzyme steuern den Stoffwechsel 5
Alles Leben ist verwandt 5
Der Bauplan des Lebens 6
Die Wunderwelt der Enzyme 7
Enzyme im Alltag 8
Enzyme unter die Lupe genommen 11
Wo kommen die Enzyme her? 12

Die Geschichte der Enzymtherapie 15
Enzymtherapie: Eine uralte Erfahrung 15
Enzyme sind schon in der Bibel erwähnt 17
Altes Wissen – moderne Indikationen 18

Die Entwicklung der modernen Enzymtherapie 21
Das Pepsin wird entdeckt 21
Enzyme in der modernen Medizin 22
Max Wolf – Ein Leben für die Enzymtherapie 23
Genie trifft auf Genies 24
Enzyme für die Reichen und die Schönen 26
Injiziere dein verdammtes Zeug! 27
Enzyme für alle 28
100 Jahre werden 29

Enzymkombinationen: Warum sie soviel können 31
Enzyme regulieren die Tätigkeit des Immunsystems 32
Enzyme unterstützen das Reparatursystem des Körpers 32
Enzyme: Ihre Hauptwirkungsorte im Körper 33
Verdauung: Wie aus dem Außen ein Innen wird 33
Enzymfabrik Bauchspeicheldrüse 35
Gewinnung von Energie, Aufbau neuen Gewebes 37
Stirb und werde 38

Die besonderen Eigenschaften der Enzyme 39
Enzyme sind Spezialisten 39
Enzyme sind Biokatalysatoren 41

Enge Kooperation und Kontrolle 43
Wichtige Helfer: Die Co-Enzyme 44
Temperatur und pH-Wert 45
Enzyme und unsere Gesundheit 46
Enzyme helfen bei Entzündungen 47
Was passiert bei einer Entzündung? 48
Störungen der Entzündungsreaktion 51
Enzyme bei Erkrankungen der Gelenke 52
Ohne Gelenke keine Beweglichkeit 53
Was passiert bei einer Arthrose? 55
Arthrose und Arthritis 56
Wie Enzyme bei rheumatischen Erkrankungen helfen 56
Enzyme bei Sport- und anderen Verletzungen 60
Enzyme bringen Sportverletzungen schnell zum Abklingen 61
Die Wirkung ist bewiesen 61
Was tun bei einer stumpfen Verletzung? 63
Muskelkater vorbeugen 63
Enzyme bei offenen Wunden 64
Enzyme bei Knochenbrüchen 65
Enzyme bei Operationen 65
Enzyme bei Erkrankungen der Gefäße 66
Wie Enzyme bei der Behandlung von Venenleiden helfen 68
Alarmstufe Rot: Thrombose, Embolie, Infarkt 70
Arterielle Verschlusskrankheit und Raucherbein 70
Vorbeugen ist besser als Heilen 71
Erkrankungen der Atemwege 71
Enzyme – Allheilmittel bei jeder Entzündung? 73

Das Immunsystem: Schutz vor inneren und äußeren Feinden 74
Fremd von nicht-fremd unterscheiden 74
Bakterien, Viren, Immunkomplexe: Die Gegner werden vorgestellt 75
Nobody is perfect 78
Das Abwehrarsenal: Zellen, Botenstoffe, Flüssigkeiten 79
Angeboren und erlernt 81
Das angeborene, unspezifische Immunsystem 82
Das Komplementsystem: Enzyme machen die Arbeit 83
Störungen des Komplementsystems 83
Die spezifische Abwehr: Das Gedächtnis des Immunsystems 84
Antikörper: Maßgeschneiderte Fangarme 85
T-Lymphozyten: Spezialisten der Abwehr 85
Die Bedeutung der Makrophagen 87
Herpesinfektionen und Gürtelrose 88
Was sind Herpes-Viren? 88

Gürtelrose: Spätfolge der Windpocken 89
Die Grenzen der schulmedizinischen Behandlung der Gürtelrose 91
Enzymtherapie bei Gürtelrose 92
Herpes-Viren: Was kann man selbst tun? 93
Autoimmunerkrankungen 93
Kreuzreaktivität gegen Körpergewebe 94
Immunkomplexe: Unangenehme Riesen 94
Erhöhte Spiegel an Immunkomplexen/Immunkomplexerkrankungen . 95
Enzyme spalten Immunkomplexe und bremsen autoreaktive T-Zellen 96
Rheumatoide Arthritis (RA) 97
Multiple Sklerose 99

Enzyme in der Krebstherapie 105
Krebs ist kein Todesurteil 105
Krebs und Immunsystem 106
Enzyme: Wertvolle Helfer bei der Therapie von Krebserkrankungen .. 109
Enzyme lindern die Folgen von Chemo- und Strahlentherapie sowie
von Operationen 109
Enzyme verlängern die Überlebenszeit 113
Warum wirken Enzyme lebensverlängernd? 114
Anwendung von Enzymen zur begleitenden Krebstherapie 117
Langfristige Folgeschäden von Krebs vermeiden 118

Enzyme: wirksam und sicher 119
Warum werden oral eingenommene Enzyme nicht verdaut? 119
Welche Nebenwirkungen haben Enzympräparate? 120
Wer sollte Enzymtabletten nicht einnehmen? 121
Können auch Kinder Enzyme einnehmen? 121
Was tun bei einer Überdosierung? 122
Warum ist es sinnvoll, verschiedene Enzyme (Kombinationen)
zu nehmen? 122

Enzyme: Wirkstoffe der Zukunft 123
Enzyme beugen Erkrankungen vor 123
Der Gesunde wird nicht krank 124
Enzyme und Ernährung 125
Enzyme verlängern das Leben 127
Warum altern wir überhaupt? 127
Das Altern liegt in unserer Hand 129
Wie werden wir »junge Alte«? 131

Glossar 135

Quelle des Lebens: Enzyme

Wenn wir uns fragen, was Enzyme und ihre Aufgaben im menschlichen Körper und in jedem lebendigen Organismus sind, so führt uns dies direkt zu der Frage, was Leben ist. Denn keine andere Substanz ist so eng wie die Enzyme mit den Prozessen verbunden, die das Leben ausmachen. Enzyme steuern Wachstum, Veränderung, Tod und Neuentstehung aller 100 000 Milliarden Zellen in unserem Körper. In jeder dieser 100 000 Milliarden Zellen gibt es Hunderte, ja Tausende von verschiedenen Enzymen, die zudem auch von diesen Zellen selbst produziert werden. Und auch diese Produktion wird wiederum von Enzymen gesteuert.

Enzyme gewährleisten, dass unser Körper all seine Aufgaben erfüllen kann: atmen, sich bewegen, Verletzungen selbstständig reparieren, sich ernähren, sich gegen Krankeitserreger und schädliche Substanzen schützen und zur Wehr setzen.

All diese Aufgaben erfüllt unser Körper – im Grunde fast ohne dass wir es bewusst zur Kenntnis nehmen. Erst wenn etwas nicht stimmt, wenn etwa Entzündungen nicht abheilen wollen, die Gelenke andauernd schmerzen und vielleicht sogar Tumoren entstanden sind, wird uns klar, was es bedeutet, wenn es heißt: »Gesundheit ist das höchste Gut.« Und für unsere Gesundheit spielen Enzyme eine entscheidende Rolle.

Um zu verstehen, was unsere Gesundheit mit diesen wundersamen Substanzen namens »Enzyme« zu tun hat, müssen wir uns einen Schritt hinaus- oder, besser gesagt, hineinwagen in die wunderbare, geheimnisvolle Welt der Zellen und Gewebe in unserem Körper. Viele der Dinge, die im Folgenden berichtet werden, sind erst seit ein paar Jahrzehnten bekannt. Die Wissenschaft hat Großes entdeckt – trotzdem wirft jede beantwortete Frage mindestens zwei neue Fragen auf. In einigen Jahren wird dieses Buch sicherlich um neue Erkenntnisse erweitert werden müssen.

Was sind Enzyme?

Die Forschung zur wissenschaftlichen Aufklärung der Enzyme ist noch relativ jung. Es gibt Enzyme zwar bereits seit ca. 3,5 Milliarden Jahren, und seit ca. 8000 Jahren werden sie von Menschen (ohne etwas über die Hintergründe zu wissen) gezielt eingesetzt, nämlich etwa bei der Gärung von Alkohol, dem Gerben von Leder und der Produktion von Käse. In der »modernen« westlichen Medizin wiederum begann man erst vor nicht einmal 200 Jahren, sich der

Heilkraft der Enzyme allmählich zu bemächtigen. Naturvölker, vor allem die, die mit besonders enzymreichen Pflanzen wie der Ananas und der Papaya gesegnet waren, verwenden Enzyme allerdings seit Urzeiten auch zu Heilzwecken. (Dazu mehr ab Seite 17.)

Enzyme sind Proteine

Heute kann man – etwa in einem Lexikon – unter dem Stichwort »Enzyme« lesen, es handele sich um Eiweißmoleküle oder auch Proteine, die von lebenden Zellen produziert werden und biochemische Reaktionen im Körper, aber auch außerhalb des Körpers steuern.

Man vermutet, dass es im Organismus des Menschen etwa 15 000 verschiedene Enzyme gibt (manche Autoren sprechen auch von 30 000), von denen aber erst etwa 3000 überhaupt näher erforscht sind.

Wo die Namen herkommen

Das Wort Enzym stammt aus dem Griechischen: *en zyme* heißt übersetzt »in der Hefe«. Eine veraltete Bezeichnung für Enzyme ist Ferment (vom lateinischen *fermentum* = Sauerteig).

Der Name Protein stammt von dem griechischen Wort *»proteuein«* ab, welches bedeutet »der Erste sein«.

Aber: Was sind denn nun eigentlich Eiweiße oder Proteine? Jeder Mensch, so scheint es, weiß doch, was Proteine sind: Eiweiß, Fleisch, Quark – aber auch Soja, wie es überhaupt viele pflanzliche Proteine gibt. Das ist alles gar nicht falsch.

Woraus aber bestehen Proteine? Liegen sie, ähnlich wie vielleicht Eisen oder Zink oder Sauerstoff, fertig im Fleisch oder der Sojabohne bereit? Wir essen sie, und die Zellen bauen daraus unseren Körper auf? Einschließlich Haaren, Knochen und Roten Blutkörperchen?

Das nähert sich zwar einem Teil der Wahrheit an, aber nur entfernt. Denn Proteine sind offenkundig ein wichtiger Baustoff in unserem Körper, aber: Die Proteine, von denen hier die Rede ist und die man Enzyme nennt, steuern ja diesen Aufbau- oder Wachstumsprozess. Wie können sie dann gleichzeitig der Baustoff sein? Es ist doch nicht der Zement auch gleichzeitig der Maurer! Enzyme müssen also ganz besondere Proteine sein.

Gesucht: Ganz besondere Proteine

Was ist der Unterschied zwischen »normalen« Proteinen und Enzymen? Das Besondere an den Enzymen ist, dass sie katalytische Eigenschaften haben: Sie können in anderem biologischem Material (Zucker, Fett, Eiweiß) Veränderungen bewirken. Man nimmt heute an, dass es im Organismus kaum eine Proteinart gibt, die – wenn sie nicht als Stütz-, Transport- oder Speichereiweiß dient – nicht die Funktion eines Enzyms hat. So ist beispielsweise im Muskelgewebe, neben den Eiweißmolekülen, die die Muskelfasern bilden und sich aktiv zusammenziehen können, eine hohe Konzentration an Enzymen vorhanden. Diese stellen die Energie für die Muskelarbeit bereit. Auch die Faktoren, welche die Blutgerinnung steuern und regeln, sind Enzyme. An den komplizierten Steuerungsfunktionen des Immunsystems sind ebenfalls ganz wesentlich Enzyme beteiligt.

Für die Enzyme gibt es in unserem Körper viel zu tun: In den Zellen findet in jeder Sekunde die nahezu unvorstellbare Zahl von etwa 30-mal 10^{15} (= 30 Billiarden) chemischen Reaktionen statt, die im Wesentlichen von Enzymen gesteuert werden. Der Körper befindet sich nämlich in einem ständigen Austausch- und Erneuerungsprozess. Alte Strukturen werden permanent abgebaut und durch neue ersetzt. Während wir heutzutage eine Lebenserwartung von 80 Jahren haben, lebt jede unserer 100 000 Milliarden Zellen nur wenige Wochen, manche, wie etwa die Blutkörperchen oder Zellen unseres Abwehrsystems, nur wenige Tage, Stunden oder auch nur Minuten.

Es handelt sich um einen gewaltigen, permanenten Wachstums- und v. a. auch »Reparatur«-Vorgang, welcher Energie und Substanz benötigt. Tatsächlich verwendet unser Körper dafür, dass wir uns bewegen, nur den geringsten Teil der aufgenommenen Kalorien, nämlich – je nach dem, ob wir vor allem den ganzen Tag herumsitzen oder unsere Muskeln anstrengen – zwischen 10 und 20 %. Der ganze »Rest« ist notwendig, um für die Grundprozesse wie die Atmung, die Verdauung, das Schlagen des Herzens Energie bereit zu stellen. Und vor allem auch für die Abbau- und Aufbauprozesse, die in den Zellen stattfinden. Diese gesamten Abbau-, Umbau- und Aufbauprozesse bezeichnet man als Stoffwechsel.

Enzyme steuern den Stoffwechsel

Und hier sind es die Enzyme, die es schaffen, diesen Stoffwechsel mit einem letztlich sehr geringen Energieverbrauch zu bewerkstelligen. Denn sie sind in der Lage, biochemische Reaktionen extrem zu beschleunigen, ohne dass der Energieverbrauch und die Temperatur entsprechend ansteigen, und ohne dass sich die beteiligten Enzyme bei dieser Reaktion verbrauchen. Vielmehr stehen sie nachher unverändert wieder zur Verfügung, um die nächste Reaktion zu steuern. Deshalb bezeichnet man die Enzyme auch als Katalysatoren, genauer gesagt Biokatalysatoren:
Sie steuern *und* beschleunigen biochemische Reaktionen (dazu mehr weiter unten).

Alles Leben ist verwandt

Ohne Enzyme gäbe es auf der Welt kein Leben – weder pflanzliches noch tierisches. Wo kommt aber das

Leben her? Wie ist überhaupt das Leben entstanden? Die Frage beschäftigt seit jeher die Theologie wie die Naturwissenschaft. Das in der Bibel verwendete Bild, dass der Mensch aus Staub (bzw. Lehm) gemacht sei, ist gar nicht so falsch. Der Lehmfigur wurde dann der göttliche Atem eingehaucht, auf diese Weise wurde sie zum Leben erweckt. Der eigentliche Schöpfungsakt besteht darin, unbelebte Materie in lebendige Organismen zu verwandeln. Er geschah vor ungefähr 3,5 Milliarden Jahren.

Göttliche Schöpfung oder Tanz der Atome?

Vor Milliarden von Jahren, kurz nach dem Urknall, war unsere heutige Erde ein wüstes, brodelndes Etwas. Sie war fast vollständig von Meeren bedeckt, die aber beileibe nicht mit den heutigen Ozeanen verglichen werden können. Vielmehr waren in diesem »Urmeer« alle auch heute noch auf der Erde vorkommenden chemischen Elemente gelöst. Man spricht deshalb auch von der »Ursuppe«. Die in der Ursuppe schwimmenden Substanzen gingen miteinander chemische Reaktionen ein, es brodelte, knallte und dampfte. Befeuert wurden diese Prozesse von gewaltigen kosmischen Energien, die in Form von Blitzen in das Urgemisch einschlugen.

Im Laufe von Millionen von Jahren bildeten sich dann festere Strukturen heraus in Form von Molekülen und Molekülketten, und irgendwann entstand eine vollkommen neue Art von chemischen Verbindungen: das erste Leben! Voraussetzung dafür war wahrscheinlich, dass sich die Temperatur der Ursuppe allmählich auf unter 100 Grad Celsius abkühlte. Dies wurde dadurch möglich, dass sich in der Atmosphäre Wolken bildeten, die die Einstrahlung der Sonne abschirmten.

Der Bauplan des Lebens

Der Bauplan des Lebens – sei es der von Pflanzen, Bakterien, Tieren oder Mensch – ist von genialer Einfachheit. Organische Materie besteht zu 99% nur aus den vier Elementen Stickstoff (N), Kohlenstoff (C), Wasserstoff (H) und Sauerstoff (O). Ihr Grundgerüst bilden Kohlenstoffatome. Diese lagern sich zu ganz unterschiedlichen räumlichen Strukturen zusammen, sie bilden Ketten, Ringe und Gitter. An diese Kohlenstoffgerüste docken sich dann in schier unendlicher Kombinationsmöglichkeit Stickstoff-, Wasserstoff-, Sauerstoff- und weitere Kohlenstoffatome an. Die Biomoleküle verbinden sich untereinander zu Zellen, Zellverbänden, Geweben und Organen.

Man kann vier Grundarten von Biomolekülen unterscheiden, die bei allen Lebewesen vorkommen:

- Nukleinsäuren bauen die Erbinformationen auf, ohne die sich Zellen nicht vermehren könnten.
- Aus den Aminosäuren entstehen die Protein- bzw. Eiweißverbindungen,

> Die ersten dieser spezialisierten organischen Verbindungen, die dieses Kunstwerk vollbringen konnten und damit die Grundlage der Entstehung und Aufrechterhaltung des Lebens bildeten und heute noch bilden, entstanden vor zirka 3,5 Milliarden Jahren: Es sind die Eiweißverbindungen, die man seit dem Jahre 1876 Enzyme nennt.

- Zucker bauen die Kohlenhydrate auf und
- Fettsäuren die Fette.

Die ersten lebendigen Wesen waren winzig kleine, einzellige Organismen, die sich – im Unterschied zur unbelebten Materie – von der Umwelt zum Teil selbstständig machten, indem sie es schafften, Sauerstoff sowie Proteine, Zucker und Fette (= Nahrung) aufzunehmen und diese durch eigene biochemische Prozesse so zu verändern, dass sie zu Bausteinen für ein geregeltes Zellwachstum und die Fortpflanzung wurden. Dazu konnte es u. a. kommen, weil sich spezialisierte Eiweißmoleküle gebildet hatten, die diesen Stoffwechsel und diese Lebensprozesse so steuern konnten, dass es – salopp gesprochen – den Einzeller weder in einer unkontrollierten chemischen Reaktion zerfetzte (wie etwa bei einem Popcorn) noch dass er verhungerte.

Aus den ersten Einzellern entwickelten sich alle höheren Lebensformen; vereinfacht gesagt dadurch, dass sich die Zellen immer weiter differenzierten und spezialisierten. Der menschliche Organismus besteht aus der unvorstellbar großen Zahl von 100 Billionen Zellen – eine Zahl mit 12 Nullen. Alle diese 100 Billionen Zellen sind in der Entwicklung jedes einzelnen Menschen aus einer einzigen Eizelle entstanden. Insofern wiederholt sich bei Wachstum und Reifung jedes einzelnen Individuums der gesamte Prozess der Evolution von neuem.

Die Wunderwelt der Enzyme

Enzyme begegnen uns überall in unserem Alltag und in der Natur. Hätten Sie gewusst, dass ohne Enzyme die Natur allmählich ersticken würde? Mehr als 90 Prozent der auf der Erde abgestorbenen Pflanzen, abgeworfenen Blätter wie auch Lebewesen werden von einer Vielzahl von Bakterien, im Boden lebenden Insekten, Würmern und Pilzen abgebaut. Die wichtigste Rolle spielen dabei die kleinsten unter ihnen: Bak-

> **Enzyme:**
> **Vorläufiger Steckbrief**
> Geburt:
> vor etwa 3,5 Milliarden Jahren
> Gezielte Verwendung durch den Menschen: ab ungefähr 8000 vor Christus
> Entdeckung für die Medizin:
> 1833
> Taufe auf den Namen Enzym:
> 1876

terien und Pilze. Sie ernähren sich dadurch, dass sie das organische Material durch die Ausscheidung von Verdauungsenzymen vorverdauen, um dann die verflüssigten Bestandteile direkt über ihre Zelloberflächen aufzunehmen. Nach dem Verdauungsprozess geben sie einfache organische und anorganische Verbindungen an den Boden zurück, von wo aus sie von den Pflanzen wieder als Nährstoffe aufgenommen werden können. Ohne diese Enzyme der Bakterien und Pilze würden unsere Wälder alsbald unter ihren eigenen abgeworfenen Blättern ersticken.

Enzyme bringen Glühwürmchen zum Leuchten

Das für die »Biolumineszenz« verantwortliche Enzym nennt man Luciferase. An dieses Enzym ist eine Leuchtsubstanz als Substrat gebunden – das Luciferin – welches durch einen Oxidationsvorgang aktiviert wird. Hierbei wird ein Lichtteilchen ausgestoßen, welches den Leuchtvorgang auslöst. Das Leuchten mancher Tiere ist auf (harmlose) Bakterien zurückzuführen, die mit ihrem Wirt in Symbiose leben und Luciferin umwandeln. Andere Tiere wie Leuchtkäfer, Süßwasserschnecken und Muschelkrebse besitzen ein eigenes Leuchtsystem. Auch verschiedene Meeresalgen sind Träger des Leuchtenzyms und für das berühmte Meeresleuchten verantwortlich.

Warum Tintenfische chemische Kampfstoffe abbauen können

Forschern von der Uni Frankfurt ist es gelungen, aus den Nervenzellen des Tintenfisches *Loligo vulgaris* ein Gegenmittel gegen chemische Kampfstoffe zu isolieren. Es handelt sich um ein Enzym, welches Gifte vom Typ der so genannten Organophosphonate abbauen kann. Ein Beispiel dafür ist das Sarin, ein Nervengas, das 1995 bei dem Anschlag auf die U-Bahn in Tokio eingesetzt wurde. Die giftigen Phosphorverbindungen hemmen bestimmte Aminosäuren im aktiven Zentrum von Enzymen, so z. B. im für die Nervenleitung unverzichtbaren Enzym Acetylcholinesterase. Die Forscher tauften das Tintenfisch-Enzym auf den komplizierten Namen Diisopropylfluorophosphatase, abgekürzt DEPase. Die DEPase spaltet das Nervengift in unschädliche Teile auf. Das Enzym ist so aktiv, dass der Tintenfisch im Vergleich zu anderen Organismen sehr große Mengen Nervengift verträgt, ohne geschädigt zu werden.

Enzyme im Alltag

Ohne etwas über ihre Fähigkeiten zu wissen, setzten die Menschen Enzyme schon lange vor der modernen Zeitrechnung bei der Herstellung von Käse, Brot, Bier und Wein ein. Seit es die moderne Biotechnologie ermöglicht, Enzyme aus Zellen zu isolieren, sind sie weit verbreitete Hilfsmittel in der Medizin, Biologie, Chemie, aber auch bei der Herstellung von Medikamenten, Lebensmitteln und Waschpulver. Insbesondere die moderne Gentechnik wäre ohne den Einsatz von Enzymen gar nicht denkbar.

So wird zum Beispiel das Insulin, welches für Diabetiker lebenswichtig ist, mit Hilfe von Enzymen hergestellt. Es wird aus den Bauchspeicheldrüsen von Rindern oder Schweinen gewonnen oder auch von gentechnisch veränderten Mikroorganismen produziert. Enzyme haben hier die Aufgabe, das Insulin zu reinigen, sodass es nicht vom Körper abgestoßen wird. So unterscheidet sich das Schweine-Insulin vom menschlichen Insulin nur durch eine einzige Aminosäure – dieser winzige Unterschied reicht aber bereits aus, um seine Verträglichkeit für den Menschen zu stören. Durch einen gezielten Spaltvorgang trennen eiweißauflösende Enzyme diese Aminosäure ab.

Das unter die Haut gespritzte Insulin wirkt genauso wie das von der Bauchspeicheldrüse hergestellte menschliche Hormon. Es wird in die Blutbahn aufgenommen und schleust den Blutzucker von dort in die Körperzellen. Die Blutzuckerkonzentration, die bei Diabetikern gefährlich hoch werden kann, sinkt ab, der Körper wird wieder mit Glukose versorgt.

Für die Gentechnik sind Enzyme unverzichtbare Werkzeuge. Sie werden benötigt, um die DNS, die die Erbinformation trägt, zu schneiden, zusammenzufügen, ab-, auf- und umzubauen, zu isolieren und zu identifizieren. Dabei werden gerade an diese Enzyme sehr hohe Anforderungen hinsichtlich ihrer Reinheit gestellt. Deshalb gehörten sie zu den ersten Produkten überhaupt, die biotechnisch hergestellt wurden. Denn durch die Verbindung gentechnischer Methoden und biotechnischer Verfahren können Enzyme in großen Mengen und herausragender Reinheit zur Verfügung gestellt werden. Viele Methoden der modernen Biotechnologie sind heute nur deswegen anwendbar, weil die dafür notwendigen Enzyme gentechnisch sehr sauber hergestellt werden können.

Auf dem Gebiet der Tierzucht ist zum Beispiel die Phytase zu nennen, ein Enzym, das Phosphat aus pflanzlichen Quellen verfügbar macht. Dieses Enzym kommt in den Mägen von Rindern vor, nicht aber bei Schweinen oder Hühnern. Diese Tiere können daher pflanzliches Phosphat schlecht aufnehmen und verwerten; deshalb hat man früher dem Futter Phosphat zugesetzt, um ein gutes Wachstum der Tiere zu erreichen. Die gentechnische Herstellung der Phytase durch die Klonierung des Gens in dem Pilz Aspergillus niger ermöglicht es, die Phytase dem Futter beizumischen, um das pflanzliche Phosphat für die Tiere besser verfügbar zu machen. Dadurch wird nicht zuletzt die Belastung der Umwelt mit von den Nutztieren ausgeschiedenem Phosphat erheblich reduziert.

Ein weiteres Beispiel ist das Enzym Chymosin, das bei der Käseherstellung eine wichtige Rolle spielt. Es wurde früher aus dem Lab in Kälbermägen gewonnen. Als die Nachfrage nach Käse immer größer wurde, befürchtete man schon Produktionsengpässe. Heute wird Chymosin mit Hilfe eines gentechnisch veränderten Hefepilzes produziert und steht in nahezu unbegrenzter Menge und größerer Reinheit zur Verfügung.

Waschpulver wäscht besser durch Enzyme

Ein großer Markt für die so genannten technischen Enzyme – an deren Reinheit weniger hohe Anforderungen gestellt werden müssen – ist heute der Waschmittelbereich. Hier kommen vor allem Lipasen und Proteasen zum Einsatz. Lipasen können Fette spalten, Proteasen bauen Eiweiße ab. Dies sind höchst praktische Fähigkeiten, wenn es darum geht, hartnäckige Flecken aus der Wäsche zu entfernen. Musste man früher Wäsche kochen und bleichen, bei entsprechender Belastung der Umwelt, so ermöglicht es heute der Einsatz von Enzymen, schon bei 40 oder 60 Grad Waschtemperatur und mit weniger Waschpulver eine optimale Sauberkeit zu erreichen.

Bei der Lebensmittelproduktion werden Enzyme für eine Vielzahl von Zwecken eingesetzt; die Tabelle auf Seite 10 zeigt nur einen kleinen Ausschnitt.

Es soll hier nicht verschwiegen werden, dass der weit verbreitete Einsatz

Lebensmittel	Enzym	Wirkungsweise
Fruchtsäfte	Xylanase	Knackt Zellwände auf, dadurch größere Saftausbeute und Klärung von Fruchtsäften.
	Amylase	Baut Trübstoffe ab.
Backwaren	Hemicellulase, Amylase, Xylanase	Bauen Pflanzenfasern ab und verbessern so die Beschaffenheit des Teiges.
Eiprodukte	Glukoseoxydase, Katalase	Baut Wasserstoffperoxid ab, verlängert dadurch die Haltbarkeit und beugt Verfärbungen vor.
Süßwaren	Invertase	Spaltet Zucker und verhindert dadurch, dass Füllungen (z. B. in Pralinen) hart werden.
Fleischverarbeitung	Protease	Spaltet Eiweißverbindungen und macht das Fleisch zarter und aromatischer. Wird auch zur Abtrennung des Fleisches von Knochen benutzt (Separatorenfleisch).

von Enzymen gerade in der Lebensmittelindustrie nicht unproblematisch ist. Zwar werden die Enzyme, die sehr hitzeempfindlich sind, bei der Herstellung zerstört. Trotzdem befürchtet man, dass sie Allergien auslösen können und möglicherweise – denn Enzyme sind ja höchst potente Moleküle – noch unbekannte, schädliche Wechselwirkungen mit den körpereigenen Enzymen eingehen. Kritiker wünschen sich hier stärkere Kontrollen und eine Deklarationspflicht für Enzyme auf der Verpackung.

Enzyme unter die Lupe genommen

Enzyme sind Eiweißstoffe oder Proteine, die aus langen Ketten von Aminosäuren aufgebaut sind. Manchmal sind es über tausend solcher Aminosäuren, die hintereinander gereiht sind. Dabei gibt es im menschlichen Körper nur 20 verschiedene Aminosäuren, aus denen letztlich alle Proteine zusammengebaut sind – aber diese Zahl reicht völlig aus, um alle Lebensformen hervorzubringen. Man schätzt, wie schon gesagt, dass in unserem Organismus ungefähr 15 000 verschiedene Enzyme arbeiten (manche Autoren sprechen auch von bis zu 50 000). Sie unterscheiden sich von einander »lediglich« durch die Abfolge der Aminosäuren. Diese Abfolge ist allerdings entscheidend dafür, welche äußere Gestalt ein Enzym annimmt. Denn die chemischen Elemente, aus denen die Aminosäuren bestehen (im Wesentlichen sind dies Sauerstoff (O), Wasserstoff (H), Kohlenstoff (C) und Stickstoff (N)), üben aufeinander Anziehungskräfte aus, die dazu führen, dass sich die langen Aminosäurenketten kräuseln und verknäulen. Es bildet sich zwischen einzelnen Aminosäuren quasi Brücken aus (so genannte Peptidbrücken); diese verleihen dem Protein letztlich seine feste Struktur.

Unter einem sehr hoch auflösenden Mikroskop sehen Enzyme deshalb aus wie unordentlich und lose aufgewickelte Wollknäuel.

Sie haben eine sehr zerklüftete Oberfläche und weisen höhlenförmige Einbuchtungen auf. Was auf den ersten Blick wie ein zufälliges Durcheinander wirkt, hat jedoch in höchstem Maße System. Denn jede gleiche Aminosäurenkette verknäult sich in identischer Weise. Jedes Enzym gleicher Bauart nimmt deshalb die gleiche Form oder Struktur an; jede andere Aminosäurenreihenfolge führt zu einer spezifisch anderen Struktur mit typischen anderen Einbuchtungen und Höhlen. Dies ist extrem wichtig dafür, wie die Enzyme funktionieren, denn es sind diese räumlichen Strukturen, die festlegen, was ein Enzym macht.

Eines sei hier schon angemerkt (wir werden später aber noch einmal näher darauf eingehen): Wenn Sie sich vorstellen, dass man 20 verschiedene Bausteine hunderte oder tausende von Malen kombiniert, so kommt es natürlich vor, dass bei verschiedenen Enzymen durchaus Gemeinsamkeiten da sind. Nämlich in Form von (nahezu) identischen Abschnitten der Ketten, wodurch in der räumlichen Struktur baugleiche Elemente entstehen.

Wo kommen die Enzyme her?

Enzyme werden fortlaufend in der lebenden Zelle gebildet. Dieser Produktionsprozess gehört zum genetischen Bauplan der Zellen. Die Lebensdauer der Enzyme ist jedoch begrenzt. Manche Enzyme bleiben nur ungefähr 20 Minuten voll funktionsfähig und müssen danach bereits von neu produzierten »Kollegen« ersetzt werden. Andere Enzyme bleiben mehrere Wochen und Monate

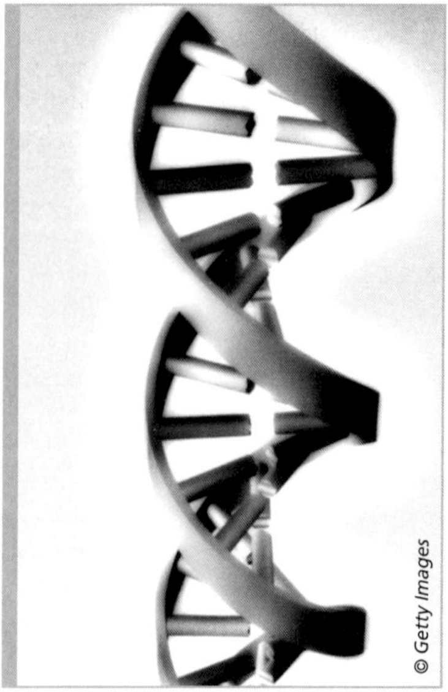

Doppelhelix

aktiv, bis auch sie in den »Ruhestand« treten und ersetzt werden müssen. Dieser Ersetzungs- oder Neubildungsprozess wird ebenfalls von Enzymen gesteuert – woraus man auch ersehen kann, dass die Enzyme untereinander in Verbindung stehen und miteinander »kommunizieren«.

Diese Verbindung ist auch deshalb wichtig, weil die meisten organischen Reaktionen nicht durch ein Enzym alleine, sondern durch die Zusammenarbeit mehrerer verschiedener Enzyme gesteuert werden. Diese arbeiten oft – wie verschiedene Zündstufen beim Start einer Mondrakete – in hintereinander geschalteten Stufen, wobei ein Enzym jeweils seinen Nachfolger aktiviert, bis die Reaktion zu Ende geführt ist. Solche so genannten »Enzymkaskaden« haben den Vorteil, dass die gesteuerte Reaktion wesentlich besser kontrollierbar ist (sie kann jederzeit unterbrochen werden) und zudem weniger Energie erfordert.

Enzyme werden zwar nur in lebenden Zellen hergestellt, können aber – wenn das Milieu, d. h. Temperatur und pH-Wert stimmen, dann auch außerhalb von Zellen, wie etwa in einer Petri-Schale im Labor, biochemische Reaktionen katalysieren.

Wie gesagt: Wie alle Proteine werden Enzyme in den Zellen hergestellt. Hier steuert der in den 46 Chromosomen des Zellkerns festgelegte genetische Code letztlich den genauen Aufbau eines jeden Proteins. Ein

Chromosom ist ein langkettiges Molekül mit dem Namen Desoxyribonukleinsäure (DNS). Genau betrachtet, besteht es aus zwei umeinander gedrehten Phosphat-Zucker-Strängen, die durch Basenpaare wie die Treppen einer Wendeltreppe miteinander verbunden sind. Das Ganze hat die Gestalt der berühmten »Doppelhelix«, die 1953 von den amerikanischen Forschern James Watson und Felix Crick entdeckt wurde. Beide erhielten dafür 1962 den Nobelpreis für Medizin.

In die Wunder der Genetik können wir uns hier nicht weiter vertiefen – nur soviel sei gesagt: Soll in der Zelle ein Protein produziert werden, ribbelt sich die DNS an einem bestimmten Abschnitt auf und »sagt« den Ribosomen (so nennt man die Proteinproduzenten in den Zellen) auf diese Weise, welches Protein hergestellt werden soll. Solch ein DNS-Abschnitt, welcher jeweils die Aminosäurensequenz eines bestimmten Proteins codiert, ist ein Gen.

Das menschliche Erbgut besteht aus zirka 46-mal 6 Milliarden Genen. Diese wurden erst im Jahre 2000 durch das internationale »Humangenomprojekt« in ihrer Gesamtheit endgültig beschrieben bzw. »kartiert«. Das bedeutet aber nicht, dass man nun bereits vollständig weiß, welches Gen bzw. welche Kombination von Genen jeweils welche Aufgabe hat.

Welche Zelle welche Proteine und Enzyme produziert, wird also jeweils durch Gene gesteuert. Allerdings können bei der Geschwindigkeit und der Häufigkeit, mit der neue Aminosäurenketten produziert werden, Fehler auftreten. Es sind wiederum spezialisierte Enzyme, die hier eine Art Qualitätskontrolle vornehmen, indem sie fehlerhafte Genabschnitte reparieren und missratene Proteine vernichten.

Wunderwelt der Zelle

»Jede einzelne Zelle unseres Körpers ist durch Zellteilung entstanden und im Prinzip ähnlich aufgebaut. Jedes Lebewesen (egal, ob Mensch, Tier oder Pflanze) weist zudem eine Ahnenreihe auf, die in direkter Linie bis zu einer einzigen Urzelle zurückführt, die sich vor gut 3,5 Milliarden Jahren im Urozean gebildet haben muss.

Die einzelne Zelle ist mit bloßem Auge nicht zu erkennen, auch unter einem normalen Mikroskop sieht man noch nicht viel von ihr, außer vielleicht einen Zellkern und eine äußere Begrenzung, die Zellwand. Tatsächlich aber ist jede einzelne Zelle ein kleines Universum, dessen Beschreibung aus einem Science-Fiction-Roman stammen könnte.«

Dem Wissenschaftsjournalisten *Johann Grohe* ist es gelungen, das Innenleben einer Zelle sehr plastisch zu schildern: »... erst wer sich die Zelle gewaltig vergrößert vorstellt, begreift, wie wundersam und unfassbar komplex das molekulare Räderwerk ineinander greift, das ihren Stoffwechsel am Laufen hält. Wer sich etwa eine Zelle auf die Größe einer Kathedrale aufgebläht denkt – der Mensch, zu dem sie gehört, würde ähnlich vergrößert seinen Kopf bis weit ins All recken – , stieße in ihrem Inneren auf ein scheinbar heilloses Durcheinander. Viele Milliarden Proteine in etwa 10 000erlei Gestalt, jedes groß wie eine Walnuss, schwirren durch die Kathedralen-Zelle. Einige schließen sich zusammen zu karotten- oder donutförmigen Gebilden. Andere formieren sich zu einem Gestänge, dessen Streben den Raum wie eine eingerüstete Großbaustelle erscheinen lassen. Wieder andere heften sich als Poren in die Plane, die den ganzen Innenraum umschließt. Und über eine Million etwa orangengroße Protein-Komplexe sind unentwegt damit beschäftigt, neue Proteine herzustellen.

Jedes dieser Moleküle hat seine eigene, hochspezifische Aufgabe: Das eine pumpt Ionen aus der Kathedrale heraus, das nächste schneidet ausgediente Proteine klein, ein drittes transportiert den Müll nach draußen, oder es formt ihn zu einem Rohstoff um, aus dem sich neue Utensilien bauen lassen. Einige dienen als Signalsubstanz, andere als Schalter. Und vor allem sind sie fast alle unentwegt damit befasst, sich wechselseitig zu verändern.

Die Zentrale, die all dies Treiben steuert, befindet sich im Zellkern, der kugelfömig und groß wie ein sechsstöckiges Haus ist. Sein Inneres ist bis oben hin vollgestopft mit einem 10 000 Kilometer langen Seil. Etwa so dick wie das Anlasserkabel im Auto, ist es in 46 unterschiedlich lange Stücke, die Chromosomen, aufgeteilt.

Auf diesem Kabel ist nun, in Gestalt von sechs Milliarden Buchstaben, die genetische Botschaft niedergeschrieben. Dass es der Zelle jedoch gelingt, in der hochhaushohen Steuerzentrale auf dem Tausende von Kilometern langen Strang stets diejenige Passage zu finden, die genau den Befehl enthält, den es nun abzulesen und auszuführen gilt, mutet wie ein Wunder an.« (aus dem Spiegel vom 24.2.2003)

Die Geschichte der Enzymtherapie

Die Heilkraft der Enzyme wird in der Medizin der Naturvölker seit Jahrhunderten, wenn nicht Jahrtausenden genutzt. Dies betrifft insbesondere die Anwendung der besonders enzymreichen tropischen Früchte Ananas und Papaya, deren Hauptenzyme, nämlich das Bromelain (Ananas) und das Papain (Papaya), auch wichtige Bestandteile der modernen Enzympräparate in der Medizin sind.

Enzymtherapie: Eine uralte Erfahrung

Die Erkenntnisse der modernen Pharmakologie (Arzneimittellehre) und Medizin bestätigen heute (wie auch auf anderen Gebieten) das reichhaltige Erfahrungswissen, welches Menschen, in deren natürlichem Lebensraum die Früchte seit jeher wild wachsen, im Laufe von Jahrhunderten sammelten und von Generation zu Generation weiter gaben.

Nachdem unsere westliche Medizin sich mit der Erfindung des Reagenzglases lange Zeit fast ausschließlich auf die Erforschung und Entwicklung von im Labor hergestellten Medikamenten konzentriert hat, besinnt man sich seit einigen Jahrzehnten wieder auf die bewährten Mittel der Naturheilkunde. Erst seit nicht viel mehr als einem Jahrzehnt erforschen die großen westlichen Pharmakonzerne den Regenwald auf der Suche nach neuen Wirkstoffen gegen Krebs, AIDS, Diabetes, Rheuma sowie Viren und Bakterien. Große Forschungseinrichtungen und Pharmakonzerne entsenden also Wissenschaftler in die tropischen Regenwälder, um dort neue und »vergessene« Heilpflanzen aufzuspüren – möglicherweise kommen sie in vielen Fällen zu spät, denn Tag für Tag werden immer noch riesige Flächen des Regenwalds vernichtet. Jedes Jahr wird Regenwaldgebiet zerstört in einer Fläche, die ungefähr so groß ist wie ganz Deutschland. Die größten natürlichen Ressourcen der Erde lösen sich buchstäblich in Rauch auf. Jeden Tag werden über fünfhundert Quadratkilometer von unersetzlichem Regenwald gefällt oder verbrannt. Zurück bleibt wertloser Boden, denn das Biotop der Regenwälder lebt alleine durch seine Biomasse, insbesondere die Baumriesen. Noch vor 20 Jahren bedeckten die Regenwälder 14 Prozent der Erdoberfläche, heute sind es nur noch sechs Prozent. Setzt sich die Zerstörung in der gegenwärtigen Geschwindigkeit fort, wird dieser einzigartige und geheimnisvolle Lebensraum in einigen Jahrzehnten unwiederbringlich ausgelöscht sein.

Insbesondere die tropischen und subtropischen Regenwälder gelten heute als ein wahres Füllhorn der Natur. Sie beherbergen die größte Artenvielfalt, die es irgendwo auf der Erde gibt. Man schätzt, dass auf einem Hektar des Amazonas-Regenwaldes über 700 verschiedene Baumarten und über 1500 Pflanzenarten wachsen. Insgesamt umfasst die Pflanzenvielfalt in den Regenwäldern etwa 300 000 verschiedene Arten. Man nimmt an, dass in den unendlichen Dickichten noch viele weitere medizinisch wertvolle Pflanzen wachsen, von denen die Indianer wussten, deren Wissen, von dem es kaum schriftliche Aufzeichnungen gibt, aber verloren ging. Dabei muss man bedenken, dass z. B. vor 500 Jahren noch zehn Millionen Indios im Amazonas-Gebiet lebten, heute sind es nur noch 200 000. »Jedesmal, wenn ein Medizinmann stirbt, ist es, als brenne eine Bibliothek nieder«, beklagt der Völkerkundler *Mark J. Plotkin.*

Mit der Erforschung der medizinischen Kenntnisse der Naturvölker früherer und auch jetziger Zeit beschäftigt sich ein noch relativ junger Zweig der Wissenschaft, die Ethnomedizin.

Tatsächlich stammen die ältesten Arzneien der Menschheit aus Pflanzen. Ihre heilkräftigen Inhaltsstoffe, so auch ihre Enzyme, gehören zum Immunsystem der Pflanze, mit dem sie sich gegen Parasiten, Klimaschwankungen und Umweltgifte schützt. Wie unsere Vorfahren die heilkräftige Wirkung bestimmter Pflanzen und Früchte erkannten, ist eigentlich leicht nachzuvollziehen. Früchte, Beeren, Wurzeln bildeten die Hauptnahrungsquelle; Fleisch stand eher selten auf der Speisekarte. Über die Jahrtausende konnte es nicht ausbleiben, dass man die wohltuende Wirkung von bestimmten Pflanzen auf bestimmte Beschwerden bemerkte. Da Krankheiten und Verletzungen immer eine Bedrohung darstellten, gab es sehr schnell Spezialisten, nämlich die Medizinmänner und Schamanen, die dieses Wissen bewahrten, weiterentwickelten und an die nächste Generation weitergaben.

Enzyme sind schon in der Bibel erwähnt

Eine der ältesten schriftlichen Quellen, die zur Enzymtherapie überliefert sind, stammt aus dem Alten Testament der Bibel. Im 2. Buch der Könige lesen wir, dass der Fürst Hiskaja an Geschwüren auf den Tod erkrankt war. Der Prophet Jesaja glaubte zunächst, dass Hiskajas Ende bevorstehe. Aber Gott erwies sich gnädig und schenkte ihm weitere 15 Lebensjahre. Daraufhin befahl Jesaja: »Bringt ein Feigenpflaster her! Da holten sie ein solches, legten es auf das Geschwür, und er wurde gesund.«

Was wie ein Wunder erscheint, entpuppt sich mit unserem heutigen Wissen als eine Enzymtherapie, die der Prophet verordnete. Denn die Feige ist reich an dem Enzym Ficin, das die Wundheilung fördert.

Was die Ananas und die Papaya betrifft, so finden wir überall dort, wo diese Pflanzen natürlich wuchsen und wachsen, ähnliche Rezepturen und Anwendungen: Aus Mittel- und Südamerika ebenso wie aus Hawaii, im indischen Ayurveda ebenso wie in der traditionellen chinesischen Medizin, bei den Eingeborenen Australiens (den Aborigines) wie auch in der afrikanischen Volksmedizin.

Steckbrief Papaya

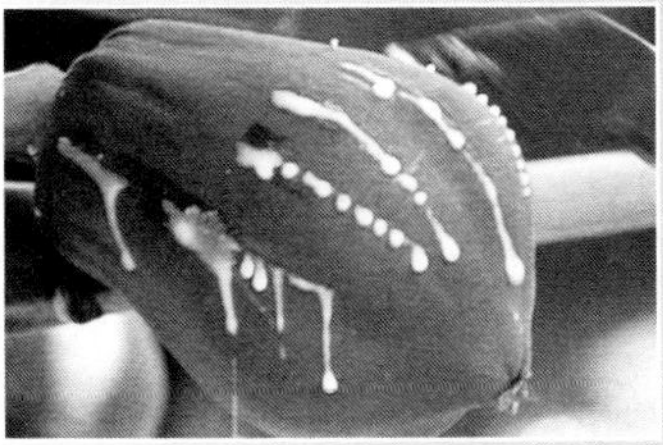

Die Papaya-Frucht wächst in tropischen Breitengraden auf Bäumen, die bis zu sieben Metern hoch werden. Die Frucht enthält das eiweißspaltende Enzym Papain; besonders enzymreich sind die Kerne und der Milchsaft (Latex), der aus der grünen, unreifen Schale austritt.

Die Frucht wird von Einheimischen oft als »Gesundheitsmelone«, der Baum als »Medizinbaum« bezeichnet. Der Überlieferung zufolge war Kolumbus davon beeindruckt, dass die Eingeborenen ihre Mahlzeiten meist mit einer Papaya abschlossen, um so Verdauungsproblemen vorzubeugen. Der spanische Eroberer Vasco da Gama bezeichnet die Papaya als den »goldenen Baum des Lebens«.

Das Enzym Papain ist eine eiweißspaltende Protease mit einem leicht sauren pH-Optimum von 5. Es ist gegenüber chemischen und physikalischen Einflüssen, insbesondere hohen Temperaturen, ungewöhnlich stabil.

Steckbrief Ananas

Die Heimat der Ananas ist Südamerika; heutzutage wird sie in vielen tropischen Ländern angebaut. Die großen Früchte wachsen auf kräftigen Stauden.

Über die Frucht heißt es in einem Bericht aus dem Jahre 1605, dass Ananassaft »auf bewundernswerte Weise den Geist erfrischt … und das Herz beruhigt. Er stärkt auch den Magen … außerdem zerstört er die Wirkung von Giften.«

Das wichtigste Enzym der Frucht ist das eiweißspaltende Bromelain. Dabei ist der innere harte Strunk der Frucht besonders enzymhaltig und sollte deshalb mit verzehrt werden. Bromelain entlastet die Bauchspeicheldrüse, verbessert die Fließeigenschaften des Blutes und wirkt entzündungshemmend. Es ist hitzeempfindlich und wird beim Kochen zerstört. Deshalb ist Ananas aus Dosen für die Gesundheit fast wertlos.

Altes Wissen – moderne Indikationen

Sammelt man diese von den Volksmedizinern fast aller Kontinente überlieferten und auch heute noch praktizierten Anwendungen von Ananas und Papaya bei gesundheitlichen Beschwerden, so finden wir fast die gesamte Bandbreite von Indikationen, die auch heute für Enzympräparate gültig und von der modernen Forschung in wissenschaftlichen Untersuchungen bestätigt sind. Wenn man die inzwischen umfangreiche Literatur auswertet, die von den Ethnomedizinern und -biologen zusammengetragen wurde, so lesen sich die erwähnten Krankheitsbilder, bei denen Zubereitungen dieser Früchte helfen, fast wie ein komplettes medizinisches Lexikon.

Denn abgesehen davon, dass diese Früchte reich an Vitaminen und Mineralstoffen sind (und damit die notwendigen Co-Enzyme gleich mitliefern), erkannten schon die Indios in Mittel- und Südamerika, in deren Lebensraum Ananas und Papaya natürlich vorkamen, lange vor der Entdeckung Amerikas durch Kolumbus, dass diese Früchte nicht nur schmackhaft und nahrhaft waren, sondern bei vielen Beschwerden halfen.

Dies bezieht sich zunächst einmal auf die so genannte »innere Anwendung«, d. h. auf wohltuende und heilsame Begleiterscheinungen nach dem Verzehr der Früchte. Da die En-

Einige Beispiele aus der volksheilkundlichen Verwendung von Enzymen:

- Die Kuna-Indianer der San Blas-Inseln im Pazifik vor Panama verwenden heute noch die verschiedenen Pflanzenteile der Papaya (Früchte, Samen, Blätter) bei einer weit gefächerten Fülle von Erkrankungen und Beschwerden, nämlich als Kreislaufmittel, Herztonikum, zur Anregung der Harnausscheidung, zur Behandlung von Furunkeln, zur Förderung der Menstruation, gegen Würmer, gegen Fieber und Schmerzen, bei Verdauungsstörungen, Bauchkrämpfen, Blähungen, als Mittel gegen Ruhr und Gelbfieber, bei Hämorrhoiden, Leber- und Milzvergrößerung wie auch als Aphrodisiakum und als Stärkungsmittel.
- Auf Malaysia und den Ostindischen Inseln wird die Ananas u. a. zur Förderung der Verdauung und der Harnausscheidung, zur Anregung der Nierentätigkeit, bei Halsentzündungen, typhusähnlichen Durchfallerkrankungen, Kehlkopfentzündungen und Ödemen verwendet.
- Im westafrikanischen Benin verwendet man unreife Ananas- und Papayafrüchte bei Erkrankungen der Leber; auch gegen Malaria wurde eine Wirkung festgestellt.
  In Süd-Ost-Nigeria gibt man Patienten mit Verdauungsstörungen oder Menstruationsbeschwerden unreife Papaya.
  In Ceylon (dem heutigen Sri Lanka) wird die grüne Papaya-Frucht, gekocht in Weinessig und Wasser, als milchtreibendes Mittel verwendet. Papaya-Latex wird etwa mit Schmalz gemischt und gegen Hauterkrankungen wie Psoriasis, Ekzeme, aber auch bei Sommersprossen eingesetzt. Auch Hühneraugen, Warzen, Zahnschmerzen und Durchfall werden mit Papaya-Zubereitungen kuriert.
- In der Yunani-Medizin der Amazonasindianer wird die Papaya unter anderem bei Magenbeschwerden, Appetitmangel, Blähungen und zur Anregung der Nierenfunktion angewendet. Sie heilt Entzündungen, hilft gegen Fettsucht, Hauterkrankungen und Hämorrhoiden.

zyme Bromelain oder Papain Eiweiß aufspalten und es damit leichter verdaulich machen, helfen sie wirkungsvoll bei Verdauungsstörungen und Magen-Darm-Beschwerden.

So heißt es in einem Text aus dem 16. Jahrhundert über die Verwendung der Papaya bei den Mayas: »Die Früchte isst man, um die Verdauung und die Gallenblase anzuregen; der Saft normalisiert die Tätigkeit des Magens und der Galle und die Arbeit der Leber. Der Milchsaft, der in der Rinde und in den grünen Früchten enthalten ist, heilt sofort die Durchfälle, auch ist er gut, um Asthma zu behandeln und um Würmer auszutreiben«.

Die Heilkundigen auf Hawaii verwenden die Ananas ebenfalls bei Verdauungsproblemen oder Befall mit Darmparasiten, Gleiches ist auch aus China und Indien überliefert.

Damit sind jedoch die »Wundertaten« dieser wahren Füllhörner der Natur längst nicht ausgeschöpft. Die Heilkundigen der Naturvölker wussten auch bereits, dass der Früchtebrei der Ananas und der Papaya, äußerlich aufgetragen, hervorragend bei Hautverletzungen, schlecht heilenden Wunden oder Verbrennungen hilft. Der milchige Latex-Saft der Papaya wurde in mehreren Kulturen als Mittel gegen Hühneraugen und Warzen erkannt. Prellungen, Zerrungen und andere Muskelverletzungen wurden mit Breiauflagen aus den Früchten behandelt.

Medizinmänner und -frauen nutzten (ohne dass sie etwas über die Biochemie der Enzyme wussten) die schleimlösende Wirkung der eiweißspaltenden Inhaltsstoffe bei Atemwegserkrankungen, Halsschmerzen, geschwollenen Mandeln oder Heiserkeit.

Auch zur Vorbeugung und Heilung von Infektionskrankheiten und Entzündungen wurden die tropischen Früchte über alle Kulturen hinweg verwendet. Man kennt sie von Alters her als Mittel gegen Gelenkentzündungen, nutzt ihre schmerzstillenden und fiebersenkenden sowie antibakteriellen und antiviralen Eigenschaften. Diese Eigenschaften basieren nicht zuletzt darauf – wie wir allerdings erst seit Beginn des letzten Jahrhunderts wissen –, dass die Enzyme das Immunsystem stärken und seine Aktivität und die Selbstheilungskräfte des Körpers anregen.

Auch eine der aufsehenerregendsten Erkenntnisse der modernen Medizin, nämlich dass der Einsatz von Enzymen bei der Behandlung von Krebs hilft, war den Naturvölkern bereits bekannt. So verwendet man in der Volksmedizin in Indien, auf den Philippinen, in Ghana wie auch Indonesien und Amerika insbesondere die Papaya gegen bösartige Tumoren. Die Indianer Mittel- und Südamerikas legen auf äußerliche Tumoren frisch aufgeschnittene Papaya-Früchte auf.

Bei vielen der überlieferten Rezepturen handelt es sich zudem um »Kombinationspräparate«. Das heißt, die Medizinmänner und -frauen waren von Beginn an sehr experimentierfreudig und steigerten die Wirkung einzelner Pflanzen und Früchte, indem sie sie miteinander vermischten.

In den Rezepten, die das Ayurveda (die traditionelle indische Heilkunde) oder die traditionelle chinesische Medizin, aber auch unsere Klostermedizin sowie auch die arabische Heiltradition überliefern, sind in aller Regel mehrere, oft sogar Dutzende von Bestandteilen in ausgeklügelter Weise kombiniert. »Monopräparate« (d. h. Medikamente, die nur einen Wirkstoff enthalten), wie sie heute von den Gesundheitsbehörden ausschließlich zugelassen werden, gab es hingegen fast gar nicht.

Die Entwicklung der modernen Enzymtherapie

Die wissenschaftliche Erforschung der Enzyme in unserem Kulturkreis begann erst im 17. Jahrhundert. Der französische Physiker *René Antoine Réaumur* (1683 bis 1757) interessierte sich u. a. für die Frage, wie es dazu kommt, dass Nahrung verdaut und in Energie umgewandelt wird. Zur damaligen Zeit gab es darüber verschiedene Theorien. Man vermutete z. B., dass die Nahrung im Magen lediglich immer weiter mechanisch zerkleinert und dann mit Hilfe des Magensafts verdünnt werde. Um dieses zu überprüfen, füllte *Réaumur* Fleischbrocken in eine kleine, durchlöcherte Metallkapsel und gab diese einem Raubvogel zu fressen. Wenn – so die logische Annahme – es für die Verdauung wichtig war, dass sie im Magen sozusagen weiter »gekaut« werde, so müsste das Fleisch in der vom Vogel wieder ausgeschiedenen Kapsel noch erhalten sein. Tatsächlich waren aber die Kapseln, die der Vogel zusammen mit dem unverdaulichen Gewölle wieder hervorwürgte, leer. Es musste also im Magen etwas auf die Fleischbröckchen einwirken, das sie auflöste. Aber was?

Réaumur selbst konnte diese Frage nicht mehr beantworten. Sein Experiment regte aber weitere Arbeiten an. 1783 wiederholte der italienische Priester und Jesuit *Lazzaro Spallanzani* in einer Falknerei den Versuch mit den Metallkugeln – mit dem gleichen Ergebnis. *Spallanzani* beschloss, den Magensaft näher zu untersuchen. Er befüllte die bewährten Metallkugeln mit einem Schwämmchen, dieses saugte sich im Magen des Falken voll Magensaft. Es zeigte sich, dass das auf diese Weise gewonnene Sekret auch außerhalb des Falkenmagens, nämlich in einem Schälchen, Fleischstückchen aufzulösen vermochte.

Das Pepsin wird entdeckt

Nun vermutete man, dass für die Eiweißverdauung die im Magensaft enthaltene Salzsäure verantwortlich war. Diese irrtümliche Meinung hielt sich fast 50 Jahre, nämlich bis zum Jahr 1836. Dann entdeckte der Arzt und Biologe *Theodor Schwann* im Magensaft eine neue Substanz, die Eiweiß besonders schnell auflöste. Er nannte sie Pepsin. Auf welche Weise das Pepsin so effektiv Eiweiß auflösen konnte, wusste man noch nicht. Man ahnte jedoch, dass man einer höchst wichtigen Frage beim Verständnis der Lebensprozesse auf der Spur war. Ebenfalls 1836 bewies der schwedische Naturwissenschaftler *Jöns Jacob von Berzelius* nahezu hellseherische Fähigkeiten. Er schrieb: *»Wir … vermuten, dass in den leben-*

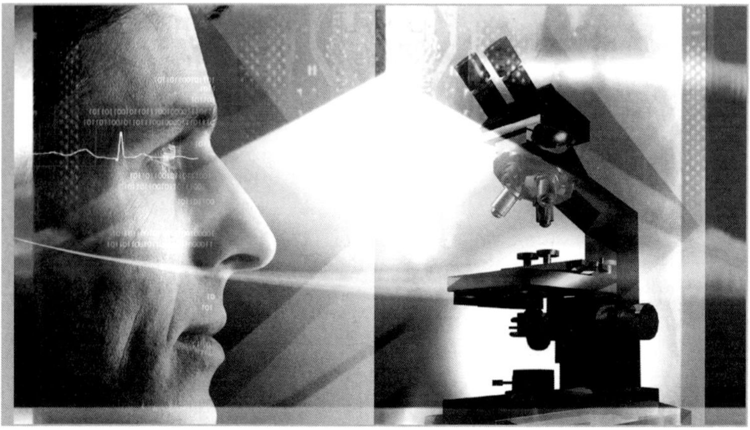

© Getty Images

den Pflanzen und Tieren Tausende von katalytischen Prozessen zwischen Geweben und Flüssigkeiten vor sich gehen und die Menge ungleichartiger Zersetzungen hervorbringen, die wir künftig vielleicht in der katalytischen Kraft des organischen Gewebes … entdecken werden.«

Damit war das Wort gefallen: Katalysatoren – also Stoffe, die in der Lage sind, (bio)chemische Prozesse in Gang zu setzen und zu beschleunigen.

Der französische Chemiker *Louis Pasteur* (1822 bis 1895) wurde v.a. als Entdecker der Bakterien und Krankheitserreger bekannt. Er fand heraus, dass Fäulnis und Gärung etwa von Milch durch Mikroorganismen (Bakterien, Hefepilze) verursacht werden. Genau genommen sind es bestimmte Eiweißstoffe, die die Mikroorganismen ausscheiden. Tötet man sie durch starkes Erhitzen ab (ein Verfahren, welches man noch heute Pasteurisieren nennt), so verlieren sie ihre zersetzende Aktivität.

Diese Eiweißstoffe nannte man eine Zeit lang »Fermente« (hergeleitet vom lateinischen Wort fermentum = Sauerteig) – egal ob sie – wie bei der alkoholischen Gärung außerhalb oder – wie bei der Verdauung – innerhalb eines lebenden Organismus wirkten. Es war dann der deutsche Mediziner *Willy Kühne*, der alle *Eiweiß verändernden* Biokatalysatoren als Enzyme bezeichnete. Im Jahr 1897 schließlich einigte man sich in der Wissenschaft darauf, *alle* Biokatalysatoren als Enzyme zu bezeichnen.

Enzyme in der modernen Medizin

Als Begründer der modernen Enzymtherapie gilt unumstritten Professor *Max Wolf* (1885 bis 1976). Er entwickelte in den 40er Jahren des letzten Jahrhunderts ein Enzymgemisch, das noch heute in fast unveränderter Zusammensetzung mit großem Erfolg in der Medizin eingesetzt wird. Es handelt sich um die WoBe-Enzyme – die Bezeichnung setzt sich aus den Anfangsbuchstaben von *Max Wolf* und seiner Mitarbeiterin, der Biochemikerin *Helene Benitez,* zusammen. 1964 wurde das Medikament WoBe in Deutschland zugelassen. Schon damals – lange bevor wissenschaftliche Studien dieses belegten – prophezeite *Max Wolf,* dass Enzyme einen überragenden Erfolg etwa bei der Behandlung von Thrombosen, Entzündungen, Virusinfektionen und nicht zuletzt auch von Krebs haben werden.

Max Wolf – Ein Leben für die Enzymtherapie

Wie es oft bei hochbegabten Menschen der Fall ist, verfügte *Max Wolf* über viele Talente. Was er anpackte, so scheint es, geriet ihm zum Erfolg. Zur Medizin kam er erst als »Spätberufener«. Nach dem Abitur studierte er zunächst in Wien Ingenieurswissenschaften und erwarb »nebenbei« den Titel eines »k.u.k. Hofmalers S.M. des Kaisers Franz Joseph von Österreich«.

Er wurde in Wien als fünftes von sechs Kindern geboren und wuchs zunächst in Böhmen auf. Sein Vater war ein Kolonialwarenhändler deutschnationaler Gesinnung, seine Mutter Jüdin. Bereits mit 12 Jahren verließ *Max Wolf* sein Elternhaus und lebte ab da bei einer Familie in Wien, wo er sich Kost und Logis durch Nachhilfeunterricht verdiente. Nach dem Abitur 1903 studierte er an der Wiener Technischen Hochschule Ingenieurwissenschaft. Eines seiner Hobbys war die Malerei – Bilder von *Max Wolf* hängen noch heute in Wiener Museen. Das Multitalent (Wolf erwarb in seinem Leben insgesamt sieben verschiedene Doktortitel) gründete nach dem Studium eine eigene Ingenieurfirma und beschäftigte alsbald mehrere Mitarbeiter. Eine Erfindung von ihm – eine technische Vorrichtung zum automatischen Stoppen fehlgeleiteter Züge – erhielt mehrere Patente.

Als 1914 der Erste Weltkrieg ausbrach, hielt sich *Wolf* gerade bei einem seiner Brüder in New York auf, der dort Medizin studiert hatte. Die Rückreise nach Österreich war aufgrund der Gefahren durch die deutschen U-Boote erst einmal nicht möglich. So blieb *Wolf* in New York und nahm ebenfalls das Studium der Medizin auf – ein Fachgebiet, das ihn sowieso schon immer interessiert hatte. Auch hier war der inzwischen knapp 30-jährige höchst erfolgreich, was sich z. B. darin zeigte, dass er bereits nach wenigen Semestern eigene Vorlesungen hielt und direkt nach Abschluss des Studiums eine Professur an der Fordham University in New York erhielt.

Es ist vielleicht eine seiner herausragendsten Eigenschaften, dass *Max Wolf* sich nie auf seinen Erfolgen ausruhte. Er eröffnete eine niedergelassene ärztliche Praxis, bildete sich zum Facharzt für Hals-, Nasen- und Ohrenerkrankungen und zum Gynäkologen weiter und leitete alsbald die größte Entbindungsklinik von New York. Außerdem wurde er der Vertragsarzt der New Yorker Metropolitan Opera.

Inzwischen war *Max Wolf* auch in die medizinische Forschung eingestiegen. Er interessierte sich insbesondere für die Hormone und die Genetik (die Lehre von der Vererbung) und deren möglichen praktischen Nutzen. Auch auf diesem Gebiet gelangen ihm erstaunliche Entdeckungen. Eher zum Spaß stellte er durch gentechnische Veränderungen die erste blaue Rose der Welt her. Andere Forschungen hatten da schon einen ernsteren Hintergrund. *Wolf* gehörte zu den weitsichtigen Wissenschaftlern, die erkannten, dass es immer schwieriger werden würde, die stark wachsende Weltbevölkerung angemessen mit Eiweiß zu versorgen. Es gelang ihm, Bakterien zu züchten, die Protein aus Stickstoff, Salzen und Zellulose selbst herstellen. Auch dieses Verfahren wurde patentiert. Ebenso züchtete *Wolf* Bakterien, mit deren Hilfe man die damals in Amerika grassierende Euterentzündung bei Kühen erfolgreich behandeln konnte.

Genie trifft auf Genies

Bisher haben wir *Max Wolf* als wohl sehr genialen, aber vielleicht auch etwas rastlosen Menschen kennen gelernt, der es – trotz aller Erfolge – nie lange bei einem Spezialgebiet aushielt. Dies änderte sich, als er im Zusammenhang mit seiner Forschung auf dem Gebiet der Genetik die bedeutsame Rolle der Enzyme für alle Lebensvorgänge erkannte. Es scheint, dass das Genie nun endlich auf ein Pendant gestoßen war, dessen Erforschung fortan seine ganze Aufmerksamkeit fesseln sollte: die Enzyme. *Max Wolf* war einer der ersten, die erkannten, welche Chancen sich für die Vorbeugung und Heilung von Erkrankungen böten, wenn man die Tätigkeit der Enzyme besser erforschen und verstehen würde.

Eine wichtige Rolle bei dieser Entscheidung spielte eine Begegnung mit dem Direktor der Krebsstation der Rudolfina Klinik in Wien, *Prof. Ernst Freund*. Dieser hatte 1932 im Blut von gesunden Menschen eine Substanz gefunden, die in der Lage war, Krebszellen aufzulösen, und die im Blut von Krebskranken nicht mehr nachzuweisen war. *Freund* nannte sie »Normalsubstanz«. Er selbst konnte seine Forschungen nicht weiterführen, weil er – von den Nazis verfolgt und enteignet – 1937 nach London flüchten musste und kurz darauf verstarb. *Max Wolf* beschäftigte sich weiter mit der Normalsubstanz. Sie bestand, wie er analysieren konnte, hauptsächlich aus eiweißspaltenden (proteolytischen) Enzymen, die man auch als Hydrolasen bezeichnet. Diese spielten nicht alleine bei der Krebsabwehr eine wichtige Rolle, wie *Wolf* in immer weiteren Analysen beweisen konnte, vielmehr erwies sich bei nahezu allen Erkrankungen die Art und Qualität der dem Körper zur Verfügung stehenden proteolytischen Enzyme als bedeutsam. Die logische Folge: Zur Bekämpfung und Vorbeugung von Krankheiten musste es entscheidend wichtig sein, dem Körper entsprechende Enzyme in ausreichender Menge zur Verfügung zu stellen.

Max Wolf gründete, um seine Forschungen über die Enzyme zu intensivieren, in New York das »Biological Research Institute«. Als Mitarbeiterin gewann er u. a. die Biochemikerin und langjährige Leiterin des Labors für Zellkulturtechnik der Columbia-Universität, *Helen Benitez*. *Wolf* und *Benitez* führten Tausende von Untersuchungen durch mit dem Ziel, proteolytische Enzyme aus tierischen und pflanzlichen Organismen zu isolieren und zu reinigen.

Dies war möglich, denn Enzyme werden zwar nur von lebenden Zellen produziert, können dann aber – wegen ihrer Substratspezifität – auch außerhalb des Organismus etwa im Reagenzglas oder in einem anderen Organismus ihre Wirkung entfalten. (Diese Fähigkeit ermöglicht es im Übrigen auch, dass wir Enzyme über die Nahrung aufnehmen und somit unserem Körper zur Verfügung stellen können.) Die beiden Forscher kombinierten eine Vielzahl von verschiedenen Enzymen und setzten diese Mischungen z. B. Zellkulturen zu, die Krebszellen enthielten.

Im Laufe der Jahre konnten sie die Enzymgemische immer weiter verfeinern. Es kristallisierten sich zwei besonders optimale Kombinationen heraus: eine half vor allem gegen entzündliche Erkrankungen, die andere gegen degenerative Prozesse. Man nannte diese Kombinationen zunächst »Wolf-Benitez-Enzymgemische« – später abgekürzt zu »Wobenzyme«. Diese stehen heute noch unter den Markennamen »Wobenzym« und »Wobe-Mugos« als Medikamente zur Verfügung. Sie enthalten aufeinander abgestimmte Enzyme pflanzlichen oder tierischen Urspungs wie das Bromelain (Ananas), Papain (Papaya), verschiedene Pankreas-Enzyme. Ergänzt wird dieses Gemisch durch Rutosid, einem entzündungshemmenden und die Gefäßwände stärkenden Pflanzenstoff (Flavonoid), der z. B. in Weißdorn enthalten ist.

Bis diese Medikamente einsatzfähig waren, galt es noch einige Probleme zu lösen:

- Das wichtigste Problem bestand zunächst darin, das Enzymgemisch unbeschadet an den Attacken der Magensäure vorbei zu schleusen. Denn die Enzyme bestehen ja aus nichts anderem als Proteinketten (Eiweißstoffe) und würden im sehr sauren Milieu des Magens schlicht und einfach verdaut, d. h. durch das Enzym Pepsin aufgelöst werden. Wenn man das Gemisch nicht nur injizieren wollte (was jedesmal einen Arztbesuch erfordern würde), galt es, es zu so »verpacken«, d. h. mit einer Dragee-Hülle zu ummanteln, die sich erst im Dünndarm auflöst.

Und natürlich musste – bevor man überhaupt Menschen damit behandelte – überprüft werden, ob das Enzymgemisch überhaupt vertragen wurde. Immerhin handelte es sich um hochwirksame, spezialisierte Substanzen, die im Körper auch einiges durcheinander hätten bringen können; zumindest, indem sie Übelkeit, Erbrechen oder allergische Reaktionen auslösten. *Professor Wolf* fürchtete im Besonderen, dass seine Enzyme bei regelmäßiger Einnahme die körpereigene Enzymproduktion durcheinander oder gar zum Erliegen bringen. Eine Vielzahl von Experimenten konnte jedoch beweisen: Das Enzymgemisch war frei von schädlichen Nebenwirkungen und erfüllte alle Kriterien für die Arzneimittelsicherheit.

Enzyme für die Reichen und die Schönen

Inzwischen sind wir bereits in den 50er Jahren des letzten Jahrhunderts angelangt. Die Liste der Patienten, die Rat und Hilfe bei *Max Wolf* suchten, liest sich wie das »Who is Who« der führenden Vertreter aus Kultur, Medien und Politik. *Wolfs* ungewöhnliche Behandlungsmethoden und seine – auf dem freien Markt noch nicht erhältlichen – Enzym-Medikamente sprachen sich in der »High Society« schnell herum. Als Hausarzt der Metropolitan Opera behandelte er die berühmten Mitglieder des Ensembles und auch Gaststars: die Tenöre *Enrico Caruso* und *Richard Tauber,* die Dirigenten und Komponisten *Furtwängler* und *Toscanini,* die Sängerinnen *Lily Pons, Julie Andrews* und *Lotte Lehmann.*

Das von *Wolf* und *Benitez* entwickelte Enzymgemisch wurde in Künstlerkreisen bald wie ein Geheimtip gehandelt. (Später in Deutschland schwörten z. B. auch *Willy Millowitsch* und *Heidi Kabel* auf seine Kraft.) *Pablo Picasso* nahm es (und schickte *Max Wolf* zum Dank eines seiner Bilder) ebenso wie der russische Tänzer *Rudolfo Valentino.* Alsbald, so schien es, machte sich ganz Hollywood auf den Weg zu *Max Wolfs* New Yorker Praxis: der frühere Stummfilmstar *Gloria Swanson,* Götter und Göttinen der Leinwand wie *Marilyn Monroe, Clark Gable, Marlene Dietrich, Charlie Chaplin, Spencer Tracy* und *Gary Cooper.* Zu *Wolfs* Patienten gehörten auch der *Herzog von*

Max Wolf (links) mit Karl Ransberger

Windsor, Lord Mountbatten und der Schriftsteller *William Somerset Maugham.*

Max Wolf, dessen Biografie *Karl Ransberger* verfasste, der hierzu viele persönliche Aufzeichnungen *Wolfs,* aber auch direkte Gespräche verwenden konnte, pflegte auch privaten Umgang mit den Stars. Gerne verbrachten sie das Wochenende auf dem Landsitz der *Wolfs* in Millwood. Insgesamt verraten *Wolfs* Aufzeichnungen, dass für ihn die »Promis« Menschen wie alle anderen waren. Normal sterbliche Wesen aus Fleisch und Blut. Über *Greta Garbo* schreibt *Wolf* z. B.: »Es war ein Vergnügen zu beobachten, wie ihre schlanke Form, wie die einer Gazelle, unermüdlich über Stock und Stein hüpfte. In der Konversation war sie meist einsilbig …«. Ansonsten schienen ihn die Schauspieler nicht sonderlich zu beeindrucken. So schrieb er: »Alle diese Stars spielten ihre stereotypen Charaktere mit Erfolg, doch im Privatleben waren sie weniger interessant. *Sonja Hernie, Isadora Duncan, Noel Coward, Gertrude Stein* oder *Fernandel* setzten ihre angelernten Rollen oft im Privatleben fort, was unnatürlich und merkwürdig anmutete.«

Im Laufe der Zeit begannen auch die Reichen und Mächtigen aus der amerikanischen Wirtschaft und Politik die Behandlung durch *Max Wolf* zu schätzen. Mitglieder der berühmten Familien des Landes wie der *Vanderbilts, Rockefellers* und *Kennedys* nahmen *Professor Wolf* in Anspruch. Die US-amerikanischen Präsidenten *Truman* und *Eisenhower* – d. h. die mächtigsten Männer der Welt – achteten ihn ebenso wie der langjährige Direktor des CIA, *Edgar Hoover.* Dieser reiste sogar extra nach München, um sich dort mit Enzymen einzudecken.

Eine besondere Freundschaft entstand zwischen *Max Wolf* und dem ehemalige Vizepräsidenten der USA, *Henry Wallace.* Das Landgut von *Wallace* befand sich ganz in der Nähe von Millwood; die beiden Männer verband vor allem ihr Interesse für die Landwirtschaft und der Gedanke, den Welthunger durch die bessere Züchtung von Nutzpflanzen zu bekämpfen.

Injiziere dein verdammtes Zeug!

Ein Beispiel, warum *Max Wolf* einen ausgezeichneten Ruf als Arzt genoss, gibt die Behandlung des berühmten englischen Schriftstellers *Somerset Maugham* (1874–1965). *Maugham* litt an einer schweren Malaria-Erkrankung, gegen die sich auch die besten Tropenmediziner als machtlos erwiesen. Kurz nach dem 2. Weltkrieg suchte *Maugham* den ihm empfohlenen »Wunderarzt« in New York auf. Dieser erinnerte sich daran, dass er einmal einen Malaria-Patienten mittels einer Überdosis Chinin geheilt hatte. Das Problem war »nur«, eine Chinin-Dosis zu ermitteln, die die Malaria-Erreger tötete, aber den Patienten gleichzeitig nicht mit umbrachte. Zu diesem Zweck lieh sich Wolf aus einem Zoo einen Schimpansen aus, der ungefähr so viel wog wie der Dichter. Er spritze dem Affen 5 ml von *Maughams* malariaverseuchtem Blut, der Affe erkrankte prompt. Nun gab ihm *Wolf* eine sehr hohe Chinin-Dosis (sie betrug das Zehnfache der üblichen Menge) – der Schimpanse wies bereits am nächsten Tag keine Malaria-Symptome mehr auf, doch in seinem Blut waren die Erreger noch nachweisbar. Also verdoppelte *Wolf* die Dosis – der Affe fiel daraufhin ins Koma, erholte sich aber nach einigen Stunden und war von der Malaria befreit.

Nun informierte *Max Wolf Somerset Maugham,* er habe die Dosis errechnet, die ihm vielleicht helfen, ihn aber vielleicht auch umbringen könne. Darauf antwortete der verzweifelte Dichter: »Mach schnell. Mein miserables Leben ohne Hoffnung auf Erleichterung ist nicht lebenswert. Ich bin bereit. Injiziere sofort dein verdammtes Zeug!«

Nach der Injektion fiel *Maugham* in eine Art Delirium, welches zwei Tage andauerte. Danach war er geheilt und lebte noch 20 Jahre bis 1965. Die Dienste seines Arztes musste er jedoch noch ein weiteres Mal in höchster Not annehmen. Drei Jahre nach der Ross- oder besser gesagt Affenkur gegen die Malaria erkrankte der Schriftsteller an Magenkrebs. Wieder war *Max Wolf* seine letzte Hoffnung, denn eine Operation lehnte der Erkrankte ab. So gab ihm Wolf große Mengen seines Enzymgemisches WoBe. Und tatsächlich: Der Tumor löste sich auf. Später schrieb *Maugham* in einer Widmung zu seiner Biografie, dass diese ohne die Hilfe seines Arztes und Freundes *Max Wolf* wahrscheinlich nur halb so lang geworden wäre.

Enzyme für alle

Logisch, dass *Maugham* und auch die anderen Reichen, Schönen und Berühmten die Behandlung bei *Wolf* privat bezahlten. Die hohen Einnahmen, die *Wolf* erzielte, kamen letztlich jedoch auch der Allgemeinheit zu Gute, denn er investierte sie zu einem nicht unbeträchtlichen Teil in seine Forschungen, wobei, wie schon ausgeführt, schließlich seine ganze Aufmerksamkeit den Enzymen galt. So finanzierte er das 1950 gegründete Biological Research Institute ebenso wie diverse andere Labors und Einrichtungen, die er zwischendurch anmietete, zu einem großen Teil aus eigener Tasche.

Nach und nach kam er den Wohltaten der Enzyme immer mehr auf die Spur, wobei er auch sich selbst als seine eigene »Versuchsperson« einsetzte. Interessant ist hier wieder – und ein erneuter Hinweis auf *Wolfs* Kreativität und Genialität, dass viele seiner Erkenntnisse erst Jahrzehnte später durch die wissenschaftliche Forschung bestätigt wurden.

Unter anderem stellte *Wolf* fest, dass mit seinem WoBe-Enzymgemisch

- Tumoren und andere kranke Zellen aufgelöst, gesunde Zellen aber nicht angegriffen werden,
- die Arteriosklerose gelindert bzw. ihr vorgebeugt werden kann,
- Entzündungen schneller abklingen,
- Viruserkrankungen bekämpft werden können.

Berühmte Patienten

Folgende Liste gibt einen – nicht vollständigen – Eindruck von Max Wolfs prominenter Klientel:

- *Andrews, Julie* – Schauspielerin, Sängerin
- *Caruso, Enrico* – Tenor
- *Chaplin, Charles* – Schauspieler, Regisseur
- *Chrysler, Walter P.* – Industrieller
- *Cooper, Gary* – Schauspieler
- *Davis, Bette* – Schauspielerin
- *Duke of Windsor* – englischer Hochadel
- *Eisenhower, Dwight* – US-Präsident
- *Furtwängler, Wilhelm* – Dirigent
- *Garbo, Greta* – Schauspielerin
- *Hoover, Edgar* – CIA-Chef
- *Huxley, Aldous* – Schriftsteller
- *Lord Mountbatton* – englischer Hochadel
- *Luckenbach* – Reeder
- *Maugham, William Somerset* – Schriftsteller
- *Merriweather Post, Majorie* – Milliardärin
- *Monroe, Marylin* – Schauspielerin
- *Picasso, Pablo* – Maler
- *Stein, Gertrude* – Schriftstellerin
- *Swanson, Gloria* – Schauspielerin
- *Tauber, Richard* – Tenor
- *Toscanini, Arturo* – Dirigent
- *Tracy, Spencer* – Schauspieler
- *Trujillo* – Diktator
- *Truman, Henry* – US-Präsident
- *Valentino, Rudolfo* – Tänzer
- *Vanderbilt, Cornell* – Industrieller
- *Wallace, Henry* – US-Vizepräsident
- *Williams, Harrison* – Elektrizitätsmogul

In ihm wurde nun der Wunsch immer größer, die WoBe-Enzyme auch einer größeren Zahl von Menschen zu Gute kommen zu lassen. So schrieb er in seinen persönlichen Notizen: »Nun wollen wir hoffen, dass dieses Arzneimittel in Zukunft so billig hergestellt werden kann, dass es der allgemeinen Bevölkerung leicht zugänglich sein wird.« (zitiert nach Ransberger, S. 98)

Das Biological Research Institute konnte die wachsende Nachfrage nach den Enzym-Präparaten alsbald nicht mehr befriedigen. Erschwerend kam hinzu, dass es als Universitätseinrichtung keine Gewinne machen durfte. *Wolf* beauftragte deshalb eine österreichische Firma mit der industriellen Herstellung von WoBe-Enzymen.

Als Medikament wurde WoBe zuerst in Spanien zugelassen, und zwar 1959; Deutschland folgte 1960. Hier war die Münchner Firma Mucos maßgeblich beteiligt. Der damalige Geschäftsführer von Mucos, *Karl Ransberger,* hatte Wolf 1959 in New York kennen gelernt und war sofort von dessen Therapiekonzept überzeugt.

100 Jahre werden

Max Wolf war der Überzeugung, dass jeder Mensch – bei gesunder Lebensführung und ausreichender Versorgung mit Enzymen – 100 Jahre alt werden könne. Er selbst verfehlte dieses Ziel nur knapp. Im Alter von 91 Jahren – er hatte sich inzwischen im sonnigen Florida niedergelassen – erkrankte er 1976 an Magenkrebs.

Der Tumor war bereits so groß, dass man ihn nicht mehr operativ entfernen konnte. *Max Wolf* wurde von seinen Kollegen als nicht mehr behandelbar aufgegeben. Auf eigenen Wunsch ließ er sich nach Bonn in die Janker-Klinik, eine auf Krebserkrankungen spezialisierte Einrichtung, fliegen. Dort injizierten die Ärzte das WoBe-Enzymgemisch direkt in den Tumor. Zwar wurde die Krebsgeschwulst von den Hydrolasen aufgelöst, jedoch überforderten die dabei entstandenen giftigen Abfallprodukte die Nieren des Patienten und *Max Wolf* verstarb nach einem Leben, das er größtenteils der Enzymtherapie gewidmet hat.

Enzymkombinationen: Warum sie soviel können

Die Erkrankungen, bei denen die systemische Enzymtherapie hilft, sind sehr vielfältig. Enzyme unterstützen den Körper bei Virusinfektionen und bei der Wundheilung. Sie helfen ihm, besser mit Ödemen (Wasseransammlungen im Gewebe) und Blutergüssen fertig zu werden. Auch bei Krebserkrankungen ist die systemische Enzymtherapie als Zusatzbehandlung erfolgreich.

Eine große Anzahl von wissenschaftlichen Studien beschäftigt sich – mit Erfolg – damit, die Wirksamkeit der Enzyme nachzuweisen und zu erklären. Wie kommt es, dass sie bei solch unterschiedlichen Krankheitsbildern eine Wirkung zeigen? Ob Verletzungen, Entzündungen, rheumatische Erkrankungen, Gefäßerkrankungen, Allergien oder Tumorerkrankungen – bei all diesen Geschehen sind üblicherweise in unserem Körper ganz unterschiedliche Enzyme in mannigfacher Weise beteiligt. Je nach Aufgabe werden in der zeitlichen Abfolge einer Entzündung oder eines Krankheitsgeschehens verschiedene Enzyme benötigt, um den Zustand der Genesung wieder zu erreichen.

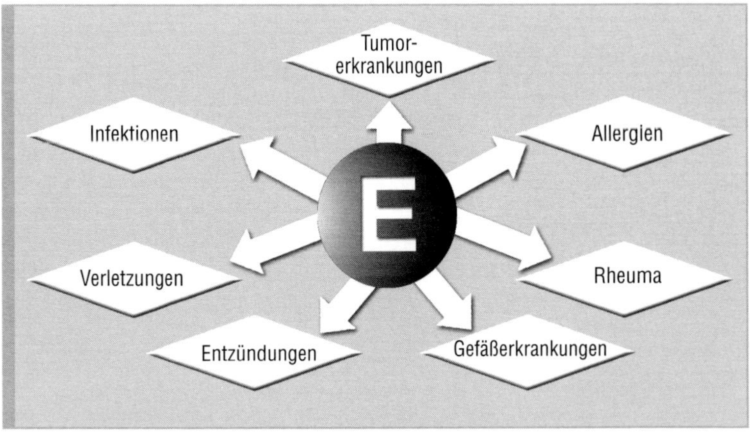

Wobei Enzyme helfen (Enzymkombinationen nach Wrba und Pecher, S. 37).

Enzyme regulieren die Tätigkeit des Immunsystems

Im Unterschied zu einer lokalen Anwendung – dies ist z. B. der Fall, wenn man auf eine entzündete Stelle eine Salbe aufträgt (lokal bedeutet »örtlich«), wirken systemisch eingesetzte Medikamente im ganzen Körper. Sie werden eingenommen und gelangen über die Blutbahn an die inneren Zellstrukturen des Körpers.

Die Besonderheit von Enzymkombinationen liegt darin, dass sie im ganzen Körper die Arbeit des Immunsystems unterstützen. Genauer gesagt: Dort, wo das Immunsystem zu schwach reagiert, kurbeln Enzyme seine Aktivität an, in Bereichen, wo das Immunsystem überschießende Kräfte entwickelt – wie bei Allergien – dämpfen sie diese. Enzymkombinationen werden deshalb zu den Immunmodulatoren (englisch: »biological response modifiers« = BRM) gerechnet. Sie können ein gestörtes Immunsystem wieder normalisieren und seine Funktionsfähigkeit wieder herstellen, in dem sie entweder immunsuppressiv oder immunstimulierend wirken.

Da bei fast jeder Erkrankung das Immunsystem angesprochen ist, ist es erklärlich, dass Wirkstoffe, die Immunmodulatoren sind, ein sehr breites Therapiespektrum aufweisen.

Enzyme unterstützen das Reparatursystem des Körpers

Eng mit dem Immunsystem hängt das Reparatursystem des Körpers zusammen. Lebende Organismen verfügen nämlich über außerordentlich große Selbstheilungskräfte. Eine Wunde, etwa eine Schnittverletzung, wächst in der Regel von alleine wieder zu. Entzündungen klingen ab, Blutergüsse lösen sich wieder auf.

Wie lebenswichtig eine intakte Blutgerinnung ist, zeigt das Beispiel der Bluterkrankheit (Hämophilie). Den Erkrankten fehlt im Blut ein Gerinnungsfaktor; dies führt dazu, dass sie an kleinsten Verletzungen verbluten können.

Normalerweise ist es aber so, dass bei Verletzungen, die Blutgefäße beschädigt haben, die Blutung relativ schnell zum Stillstand kommt. Dieser Reparaturvorgang wird durch Enzyme gesteuert, und zwar so, dass in einer genauen Feinabstimmung nicht zu wenig, aber auch nicht zu viel Blutgerinnung erfolgt.

Trotzdem kann dieser Prozess gestört sein; Blutgerinnsel machen sich sozusagen selbstständig und verstopfen anderenorts Blutgefäße (Thrombose). Das Risiko dafür ist z. B. erhöht, wenn durch Ablagerungen an den Gefäßinnenwänden oder durch erkrankte Venen die Fließgeschwindigkeit des Blutes herabgesetzt ist. Auch Krebs- und Autoimmunerkrankungen können die Gerinnungsneigung des Blutes erhöhen. Fibrinauflösende Enzyme beugen dann Thrombosen vor bzw. lösen Gerinnsel auf; Fresszellen des Immunsystems entsorgen die dabei entstandenen Zelltrümmer.

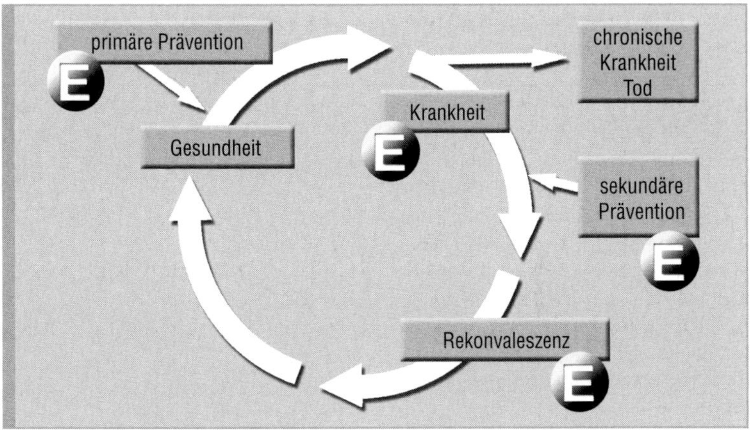

Enzyme: Ihre Hauptwirkungsorte im Körper

In jeder Zelle unseres Körpers sind Enzyme aktiv – oft bis zu mehrere hundert verschiedene auf einmal. Sie steuern, wie man schätzt, 150 000 unterschiedliche biochemische Reaktionen. Dies erscheint ziemlich unübersichtlich – man kann aber zusammenfassend große Funktionsbereiche der Enzyme ausmachen:

- Intrazelluläre Enzyme, die für die Zellatmung und den Aufbau von neuem Körpergewebe verantwortlich sind.
- Die große Gruppe der ausgeschütteten Hydrolasen (lösliche Enzyme), welche für
  - die Verdauung,
  - die Blutgerinnung und Fibrinolyse (Auflösung von Blutgerinnseln),
  - das Abwehrsystem und
  - die Entgiftung

  verantwortlich sind.

Diese Funktionsbereiche hängen untereinander eng zusammen und müssen permanent aufeinander abgestimmt werden.

Verdauung: Wie aus dem Außen ein Innen wird

Ohne die an der Verdauung beteiligten Enzyme könnte unser Körper mit der Nahrung nichts anfangen. Würden sie nicht die Prozesse katalysieren, d. h. beschleunigen, würde es schier endlos dauern, bis etwa die Nährstoffe aus einem Apfel (Kohlenhydrate, Vitamine, Mineralstoffe) so umgewandelt sind, dass der Körper sie verwerten kann und sie letztlich die einzelnen Zellen erreichen. Kurzum: Wir würden binnen kurzem verhungern.

Dass mit der Nahrung im Körper »irgendwie« eine Umwandlung passieren muss, entspricht der Alltagserfahrung jedes Menschen. Eines der ersten entdeckten Enzyme war so auch das Pepsin (vgl. S. 21). Heute weiß man, dass an der Verdauung, d. h. auf dem Weg der Speisen durch Mund, Magen, Dünndarm und Dickdarm, die verschiedensten Enzyme arbeiten. Sie zerlegen die großen Molekülketten, aus denen Kohlenhydrate, Fett und Eiweiß bestehen, in nacheinander folgenden Arbeitsschritten in immer kleinere Bausteine, bis diese winzig genug sind, um – dies passiert insbesondere im Dünndarm – in den Blutkreislauf überzutreten, damit zu den Zellen transportiert zu werden und – last but not least – hier am Zielort auch noch die Membranen der Zellen zu durchdringen.

Die Verdauung beginnt im Mund

Die Verdauung beginnt aber gar nicht erst im Magen, sondern bereits im Mund. Der Speichel enthält eine Vielzahl von Enzymen, die sich, sobald wir etwas essen, an die Arbeit machen. Zu nennen sind vor allem die Amylasen und das Lysozym. Amylasen spalten die langen Stärkein einfache Zuckermoleküle. (Der Name stammt vom lateinischen Wort »Amylum« für Stärke). Lysozym ist ein Spezialist im Erkennen und Unschädlichmachen von Bakterien und anderen Krankheitserregern.

Die Speicheldrüsen im Mund werden vor allem durch das Kauen dazu angeregt, Speichel abzusondern. Deshalb ist viel Wahres an der Volksweisheit, die da sagt: »Gut gekaut ist halb verdaut.« Hastig gekaute, relativ grobe Speisebrocken rutschen nicht nur schlecht, sie sind auch zu kurz den Enzymen im Speichel ausgesetzt und belasten deshalb den Magen.

Aber bereits der Anblick appetitlicher Speisen regt die Speicheldrüsen zur Produktion an. Wieder hat der Volksmund recht: »Das Auge isst mit.« Unter anderem trug diese Erkenntnis dem russischen Physiologen *Iwan Petrowitsch Pawlow* 1907 sogar den Nobelpreis ein*.

Sie können die Arbeit der Speichelenzyme schnell selbst kennen lernen: Nehmen Sie ein Stückchen trockenes Vollkornbrot und kauen Sie mit Bedacht. Nach zirka 15 bis 20 Kaubewegungen werden Sie feststellen, dass der Brotbrei in ihrem Mund anfängt, süß zu schmecken: Die Amylasen haben bereits ihre Wirkung erzielt.

---

* *Pawlow* forschte über den Zusammenhang von Nervensystem und Verdauungsapparat. Er beobachtete bei Hunden, dass sie bereits Speichel absonderten, wenn sie ihr Futter nur erblickten. *Pawlow* trainierte nun die Hunde, auch auf einen anderen Reiz als das Futter Speichel zu produzieren. Dies gelang ihm dadurch, dass er zusammen mit dem Futterzeigen einen lauten Klingelton ertönen ließ. Bereits nach wenigen dieser Koppelungen sonderten die Hunde Speichel ab, wenn sie alleine (d. h. ohne Futter zu sehen oder zu riechen) die Klingel hörten. *Pawlow* nannte diesen Prozess »Klassische Konditionierung« – eine Methode, die auch die Verhaltenstherapie begründete.

Im Magen und im Darm treten nun Enzyme in Aktion, die vor allem Proteine (Proteasen) und Fette (Lipasen) aufspalten und damit letztlich für den Körper verwertbar machen.

Im Magen wird das eiweißspaltende Pepsin von der Magensäure aktiviert. Es wird von Zellen der Magenschleimhaut produziert. Pepsin zerlegt Fleisch und anderes Eiweiß, das wir verzehrt haben, in kleine Fäserchen. Die Magenschleimhaut schützt den Magen davor, dass Magensäure und Pepsin das eigene Gewebe angreifen. Das Pepsin wird zunächst nur in einer inaktiven Form produziert, dem Pepsinogen, erst das Einwirken der Magensäure macht es zum aktiven Enzym. Ist jedoch die Magenschleimhaut geschädigt – dies kann durch Dauerstress, ungesunde Ernährung, vor allem aber auch durch bestimmte Bakterien eintreten – können Magensäure und Pepsin die Magenwände angreifen – es entsteht zunächst eine Entzündung der Magenschleimhaut, u. U. entwickelt sich ein Geschwür.

Im Zwölffingerdarm wird der saure Nahrungsbrei zunächst »alkalisiert«, d. h. es wird der neutrale pH-Wert hergestellt, den die Enzyme als optimales Milieu benötigen. Hauptlieferant der notwendigen Verdauungsenzyme ist die Bauchspeicheldrüse (Pankreas). Sie hat zwei wesentliche Aufgaben. Sie ist das Organ, welches die meisten Verdauungsenzyme herstellt; außerdem ist sie für die Produktion von Insulin zuständig.

Helicobacter pylori

Erst seit einigen Jahren weiß man sicher, dass an der Entstehung von Magengeschwüren oft auch ein Bakterium mit dem Namen Helicobacter pylori beteiligt ist. Deshalb behandelt man Magengeschwüre häufig mit Antibiotika. Allerdings ist anzunehmen, dass die Besiedelung der Magenschleimhaut mit dem Bakterium bereits die Folge eines enzymatischen Ungleichgewichts darstellt.

Enzymfabrik Bauchspeicheldrüse

In der Bauchspeicheldrüse werden verschiedene Verdauungsenzyme gebildet, die der weiteren Aufspaltung der aufgenommenen Nährstoffe dienen, nämlich der Kohlenhydrate (Amylasen), Fette (Lipasen) und Eiweiße (Proteasen). Unter letzteren sind vor allem das Trypsin und das

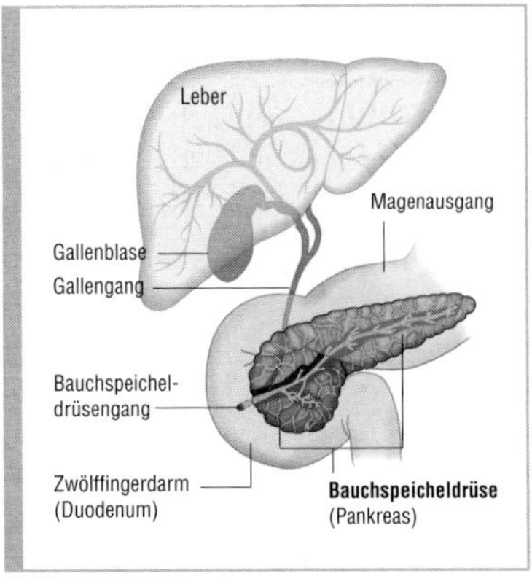

Chymotrypsin zu nennen – es handelt sich um eine Art friedlichere Verwandte des Pepsins. Das Pankreas ist der größte Lieferant an Verdauungsenzymen. Es gibt sie an den Zwölffingerdarm in Form eines klaren, durchsichtigen Sekretes ab, dem so genannten Bauchspeichel. Die Bauchspeicheldrüse bildet zudem Bikarbonat, um den saueren Magensaft zu neutralisieren. Die Zusammensetzung des Bauchspeichels wird über Hormone gesteuert und je nach Fettgehalt und Säuregrad der Speisen reguliert. Die Menge des Sekrets wird ebenfalls durch die aufgenommene Nahrung beeinflusst und liegt zwischen 1,5 und 3,0 Liter am Tag. Damit sich die Drüse bei der Bildung der Enzyme nicht selbst schädigt, werden sie in noch nicht wirksamen Vorstufen produziert, die erst im Dünndarm ihre Wirkkraft erlangen.

> Verteilt über die gesamte Bauchspeicheldrüse findet man Zellgruppen, die so genannten Langerhans'schen Inseln, in denen Hormone, also Botenstoffe des Organismus, gebildet werden. Diese Hormone, Insulin und Glukagon, dienen überwiegend dem Kohlenhydratstoffwechsel. Sie gelangen nicht über das Sekret in den Darm, sondern über das Blut in alle Organe (Leber, Gehirn, Herz), in denen Glukose als wesentliche Energiequelle für die Zellen benötigt wird. Ohne Insulin aus dem Pankreas entsteht Diabetes, die Zuckerkrankheit. Neben dem Insulin und dem Glukagon werden in der Bauchspeicheldrüse auch noch andere Hormone produziert, wie das Somatostatin und das pankreatische Polypeptid. Alle diese Hormone sind am Stoffwechsel beteiligt.

Ohne die Verdauungsenzyme der Bauchspeicheldrüse würden wir letztlich verhungern. Lediglich Stärke kann auch ohne den Bauchspeichel halbwegs vollständig verdaut werden, nicht jedoch Fette und Eiweiß.

Fehlt es an Enzymen des Pankreas, kommt es zu Durchfällen, Blähungen und Schmerzen. In leichteren Fällen können die Enzyme noch medikamentös eingenommen werden.

Bei schweren Erkrankungen – insbesondere einer Entzündung der Bauchspeicheldrüse (Pankreatitis) – ist unbedingt eine ärztliche Behandlung erforderlich. In diesem akuten Stadium dürfen keine Präparate mit Verdauungsenzymen eingenommen werden.

Die Resorption erfolgt im Dünndarm

Der Übertritt der Nahrung aus dem Verdauungstrakt in den Organismus erfolgt im Dünndarm. Nun sind Fette, Eiweiß und Kohlenhydrate durch die Enzyme in Moleküle zerlegt, die klein genug sind, um durch die Poren der Darmwand hindurch zu treten. Auch an diesem Durchtritt sind wiederum spezialisierte Enzyme beteiligt. Nun können die Nährstoffe mit Hilfe des Blutstroms zu den Organen und letztlich in jede einzelne Zelle gelangen.

Gewinnung von Energie, Aufbau neuen Gewebes

Aus den Nährstoffen gewinnen die Zellen die Energie, die der Körper zum Leben braucht, z. B.:

- Muskelzellen, um sich zusammenziehen zu können
- Nervenzellen, um elektrische Impulse weiterzuleiten
- Leberzellen für die Entgiftungsarbeit

Der Prozess der Energiegewinnung wird – nicht nur in der Biologie – Verbrennung genannt. Verbrennung benötigt Sauerstoff: Und genau das passiert in der Zelle: In den Mitochondrien, von denen sich in jeder Zelle Hunderte befinden, werden Nährstoffe mit Hilfe von Sauerstoff und speziellen Enzymen in Kohlendioxid und Wasser umgewandelt. Hierbei entsteht Energie in Form von Wärme. Die Mitochondrien nennt man deshalb auch die »Kraftwerke« der Zellen, den Stoffwechsel in der Zelle bezeichnet man auch als »Zellatmung«. Der Sauerstoff, der dazu notwendig ist, wird über ein Enzym an die roten Blutkörperchen gebunden und an die Zellen geliefert.

Enzyme der Zellatmung

Bei der Zellatmung arbeiten Enzyme mit Co-Enzymen zusammen. Auch hier sind verschiedene Enzyme hintereinander gestaffelt und werden jeweils durch spezifische Co-Enzyme aktiviert. Ein hier sehr wichtiges Co-Enzym trägt den Namen NAD (Nicotinamid-Adenin-Dinucleotid). Es wird aus dem Vitamin B3 (Nikotinsäure) aufgebaut. Fehlt dieses Vitamin im Körper, entsteht u. a. die gefährliche Mangelkrankheit Pellagra. Der Name Nikotinsäure bezieht sich darauf, dass Vitamin B3 auch in den Blättern der Tabakpflanze vorkommt. Es wird aber nicht mit dem Rauch inhaliert – dies sei nur angemerkt, um etwaigen Missverständnissen vorzubeugen.

Das andere Co-Enzym wird als FAD (Flavin-Adenin-Dinucleotid) abgekürzt, zu seiner Herstellung ist Vitamin B2 (Riboflavin) notwendig.

Schließlich tritt das Co-Enzym Q auf den Plan, den letzten Schritt der Atmungskette bilden so genannte Zytochrome. Auch hier handelt es sich um Co-Enzyme. Sie sind besonders interessant, weil sie – quasi als eine letzte Rettung – noch eingreifen können, wenn die Zelle kurz vor dem Kollaps steht. Bei Vergiftungen werden deshalb oft Zytochrome eingesetzt.

Ist die Energieversorgung gewährleistet, kann die Zelle mit der Aufbauarbeit beginnen. Wie weiter vorne beschrieben, erneuern sich Zellen permanent selbst und produzieren – je nachdem, wofür sie spezialisiert sind – neue Gewebe, Zellen des Immunsystems, Enzyme und Co-Enzyme.

Stirb und werde

Ein Grundprinzip des Lebens besteht darin: Altes muss zerstört werden, um für Neues Platz zu schaffen. Tatsächlich ist Zerstörung für jede Zelle lebenswichtig, um defekte Proteine zu beseitigen, aber auch um Enzyme gezielt und zeitlich begrenzt einsetzen zu können und dadurch den Stoffwechsel zu steuern.

Jede Zelle besitzt eine Vielzahl verschiedener Eiweißstoffe, die je nach Aufgabe unterschiedlich lange benötigt werden. In der Regel haben Proteine, die Gewebestrukturen aufbauen (wie z. B. Kollagenfasern), sowie jene, die an allgemeinen Lebensprozessen beteiligt sind, eine relativ lange Lebensdauer.

Proteine, die nur sehr kurz in das Geschehen eingreifen, werden hingegen häufig gleich nach getaner Arbeit mit Hilfe eines spezialisierten Enzymsystems abgebaut; ihre Bestandteile werden in der Regel fast vollständig recycelt und als Baustoffe neu verwendet. Die Funktionsweise und Bedeutung dieser zellulären »Abfallentsorgung« für das Leben und die Gesundheit wurden bislang erst teilweise entschlüsselt.

Der programmierte Zelltod

Zellen haben eine genetisch vorgegebene Lebensdauer. Sie sterben ab, wenn in ihnen eine Art »Selbstmordprogramm« ausgelöst wird. Dieser natürliche programmierte Zelltod wird auch als »Apoptose« bezeichnet (im Unterschied dazu nennt man einen durch Krankheiten oder Verletzungen verursachten Zelltod Nekrose). Das Wort leitet sich vom Griechischen her: Apo bedeutet »los«, ptosis bedeutet »Fallen«; ursprünglich ist mit dem Wort das Fallen der Blätter im Herbst gemeint. Die Apoptose ist ein natürlicher, lebenswichtiger Vorgang, der täglich in unserem Körper milliardenfach stattfindet. In den Zellen kontrollieren und steuern Enzyme die komplizierten Vorgänge, die darüber entscheiden, ob eine Zelle sich weiter differenzieren und teilen darf oder von Immunzellen abgetötet wird. Sie prüfen beispielsweise, ob das bei der Zellteilung verdoppelte Genom fehlerfrei ist und gewährleisten damit, dass sich die Zellen nicht verändern, sondern sozusagen eineiige Zwillinge (man könnte auch sagen: Klone) der Ursprungszellen sind. Bei Fehlern wird das Selbstmordprogramm aktiviert und die Zelle stirbt ab.

Krebszellen können offenbar dieses Steuerungs- und Kontrollsystem unterlaufen und das Zelltod-Programm aufheben. Sie wären damit eigentlich unsterblich – würde nicht die Krebserkrankung selbst den Organismus zerstören und mit ihm schließlich auch die Krebszellen untergehen.

Die besonderen Eigenschaften der Enzyme

Das Enzym ist nun von der Zelle produziert. Wie kommt es nun, dass es seine Arbeit aufnimmt? Und zwar in einer Weise, dass es zur richtigen Zeit das Richtige tut und dabei auch wieder ein Ende findet? Um dieses Wunder der Natur annähernd zu verstehen, müssen wir uns folgendes klar machen:

Die Enzyme in unserem Körper existieren nicht unabhängig voneinander. Sie sind keine Eigenbrötler, sondern echte Teamworker, die untereinander in andauernder, intensiver Verbindung stehen. Sie teilen sich die Arbeit, sie regen sich gegenseitig zum Aktivwerden an und sie bremsen sich auch wieder. Man könnte auch sagen, dass die Enzyme sehr kollegial miteinander umgehen, sich bei der Arbeit gegenseitig helfen und darauf achten, dass keiner seine Kräfte verausgabt. Das alles geschieht im Interesse des Gemeinwohls – nämlich des Überlebens des Körpers.

Um zu verstehen, wie Enzyme arbeiten, wollen wir uns im Folgenden einige ihrer erstaunlichen Fähigkeiten und Eigenschaften genauer ansehen. Es sind dies ihre Substratspezifität, ihre Funktion als Biokatalysatoren, ihre Abhängigkeit von Temperatur und pH-Wert und ihre Kooperationsfähigkeit untereinander.

Enzyme sind Spezialisten

Die Substratspezifität

Wenn man sich vorstellt, dass in den meisten Zellen weit über tausend Reaktionen von Enzymen gesteuert werden – wie können Enzyme eigentlich in solch einem Durcheinander gezielt und zudem schnell genug wirken? Wie kommt es, dass sie sich nicht gegenseitig »auf die Füße treten« und sich die »Kundschaft« streitig machen?

Dies liegt an ihrer einzigartigen Struktur. Diese lässt – wie es ein Schlüsselloch bzw. Schloss mit einem Schlüssel tut – nur »Kunden« mit einer passenden Beschaffenheit an sich heran. In der Biologie und Medizin spricht man allerdings nicht von »Kunden« der Enzyme, sondern von ihren Substraten.

Unter »Substraten« versteht man die Ausgangsstoffe einer chemischen Reaktion. Die Reaktion verändert das Substrat. Sie spaltet es z. B. auf oder fügt Teile verschiedener Substrate zu neuen Produkten zusammen.

So spaltet z. B. das Enzym Amylase, das im Speichel vorhanden ist, langkettige Kohlenhydrat-Moleküle in kürzere Zuckermoleküle. Das können Sie, wie bereits erwähnt, daran erkennen: wenn Sie die Rinde eines Stück Vollkornbrots lange kauen, beginnt es süß zu schmecken. Die Amylase lässt jedoch Proteine und Fette völlig unverändert – diese werden erst im Magen bzw. Darm durch andere Enzyme aufgespalten.

Enzyme sind also extreme Spezialisten: sie arbeiten nur mit einem typischen Reaktionspartner (dem Substrat) zusammen und bewirken mit diesem zusammen nur eine ganz spezifische Reaktion.

Wie findet das Enzym im Getümmel einer Zelle seinen Reaktionspartner?

Die Natur hat diese Aufgabe auf genial einfache Weise gelöst:

Jedes Enzym hat eine nur ihm eigentümliche ganz charakteristische Oberfläche, die durch die jeweils besondere Faltung der Aminosäurenkette entsteht. Sie ist, wenn man sie unter einem hochauflösenden Mikroskop betrachtet, zerklüftet und besteht aus Hohlräumen und Spalten.

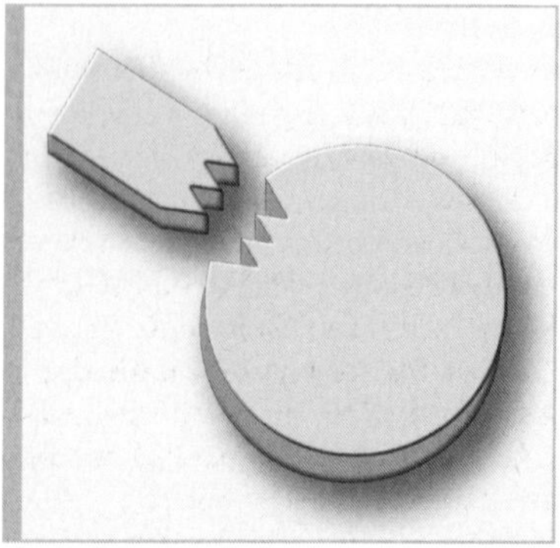

Enzym mit Substrat

Der Hohlraum bildet das aktive Zentrum eines Enzyms. Es liegt geschützt in seinem Inneren und ermöglicht auf diese Weise eine Zutrittskontrolle.

1890 verglich der Chemiker *Emil Fischer* das Substrat mit einem Schlüssel und das Enzym mit einem Schloss. Passen die beiden zusammen, entsteht ein Enzym-Substrat-Komplex. Es ist nun so, als würde ein kleiner Motor gestartet. Es kann eine bestimmte Reaktion ablaufen, die bestimmte Bindungen in dem Substrat schwächt und es dann z. B. zerteilt. Nach der Reaktion hat sich das Enzym nicht verändert, das Substrat ist jedoch in ein neues Produkt übergegangen.

Dieser Vorgang läuft aber nicht »wild« ab, sondern äußerst kontrolliert und zeitlich begrenzt.

Das Enzym startet also eine chemische Reaktion und beendet sie auch wieder.

Die Reaktionsspezifität

Enzyme wirken des Weiteren reaktionsspezifisch, d. h. ein Enzym steuert in der Regel bei einem Substrat nur eine bestimmte chemische Reaktion. So spaltet das Enzym Aminotransferase die Verbindung ($-NH_2$) von einer Aminosäure ab und überträgt sie auf ein anderes Molekül. In einer Zelle kommen 20 verschiedene Aminosäuren vor, fast alle haben irgendwo eine ($-NH_2$)-Gruppe. Trotzdem entreißt die Aminotransferase nur spezifischen Aminosäuren das ($-NH_2$). Dies bedeutet die eben

Enzyme in der Diagnostik
Manche Enzyme kommen in jeder Zelle vor, andere nur in bestimmten Zelltypen oder Organen. Diesen Umstand macht man sich z. B. in der medizinischen Diagnostik zu Nutze. Wenn Zellen geschädigt sind oder absterben, treten ihre Enzyme in das Blut über. Dort kann man den erhöhten Enzymspiegel messen und auf das Organ schließen, welches erkrankt ist. So liegen z. B. »erhöhte Leberwerte« vor (im Laborbefund als die Leberenzyme GOT, Gamma-GT und GPT abgekürzt), wenn durch eine Schädigung der Leber vermehrt Leberenzyme in das Blut gelangen.

beschriebene Substratspezifität. Zusätzlich kann aber bei der gleichen Aminosäure neben einer (–NH_2)-Gruppe auch Kohlenstoffdioxid (CO_2) oder Ammoniak (NH_3) abgespalten werden. Dafür ist nun aber ein anderes Enzym zuständig. Das Enzym »sucht« sich also aus den vielen Möglichkeiten nur eine spezifische Reaktion am Substrat heraus, die es nun bewerkstelligt.

Verschiedene Werkzeugtypen

Es gibt Enzyme, die wie eine Schere arbeiten und lange Molekülketten in kleinere Teile schneiden. Man nennt sie Hydrolasen – wobei das »Hydro« darauf hinweist, dass bei dieser Art von Reaktion ein Wassermolekül beteiligt ist. Diese Enzymklasse wird am häufigsten genannt, wenn man von Enzymen spricht.

Es gibt aber auch Enzyme, die wie eine Schaufel funktionieren, indem sie Teile von einem Molekül zu einem anderen hinüber»schaufeln«. Dies sind die Transferasen.

Eine weitere Enzym-Gruppe arbeitet nach dem Prinzip einer Schraubzwinge. Man nennt sie Ligasen. Ligasen verknüpfen z. B. Bausteine der Erbsubstanz DNS miteinander und reparieren auf diese Weise auch DNS-Schäden.

Die Spezifität der Enzyme scheint auf den ersten Blick etwas umständlich zu sein. Sie bildet aber eine Grundvoraussetzung dafür, dass die Enzyme stets völlig kontrolliert funktionieren und gerade das Richtige tun, davon nicht zu viel und nicht zu wenig – und dies bei höchster Geschwindigkeit.

Enzyme sind Biokatalysatoren

In den Zellen des menschlichen Körpers läuft, wie gesagt, in jeder Sekunde die nahezu unvorstellbare Zahl von etwa 30-mal 10^{15} (= 30 Billiarden) chemischen Reaktionen ab. Stoffe oder auch elektrische Potenziale, die die unzähligen, im lebenden Organismus fortlaufend stattfindenden chemischen Prozesse steuern, d. h. sie anregen und beschleunigen, nennt man Biokatalysatoren.

Hier nehmen die Enzyme eine herausragende Bedeutung ein. Sie

Namensgebung und Einteilung

Da in den letzten Jahrzehnten immer neue Enzyme entdeckt wurden – bis jetzt sind annähernd 3000 dieser Stoffe beschrieben –, einigte man sich darauf, ihre Namen jeweils mit der Endung » … ase« zu versehen; die Namen von schon frühzeitig bekannten, sozusagen berühmten Enzymen wie Pepsin, Trypsin oder Lysozym wurden allerdings beibehalten. Die Enzyme werden nach dem Substrat benannt, auf das sie wirken; ist der Name zu lang, wird er abgekürzt. So steht »ADH« für das Enzym Alkoholdehydrogenase, welches in der Leber für den Abbau von Alkohol verantwortlich ist. Hinter dem Kürzel »G6PDH« verbirgt sich die Glukose-6-Phosphat-Dehydrogenase. Ein Mangel an diesem Enzym führt dazu, dass die roten Blutkörperchen durch bestimmte, in Nahrungsmitteln wie der Saubohne, aber auch in Medikamenten enthaltene Substanzen frühzeitig zerstört werden. Es handelt sich um eine erbliche Erkrankung, die man Favismus nennt. Weltweit sind davon über 400 Millionen Menschen betroffen.

Die internationale »Enzyme Commission« (EC) hat an alle Enzyme zudem Kommissions-Nummern vergeben, in denen die verschiedenen Enzymklassen und -unterklassen verschlüsselt werden.

»sagen« jeder Zelle genau, was sie zu tun hat. Jeder Fehler wird sofort korrigiert. Enzyme sind z. B. dafür verantwortlich, dass Nährstoffe (Eiweiß, Kohlenhydrate und Fett) auf dem Weg durch den Verdauungstrakt soweit zerlegt und verändert werden, dass sie überhaupt schließlich durch die feinen Poren in der Darmwand hindurch passen, über das Blut im gesamten Körper verteilt werden und schließlich jede Zelle erreichen. Und wiederum sind es Enzyme, die auch die Abfallentsorgung steuern und die so genannten »Schlacken« abtransportieren lassen.

Dafür, dass der Verdauungsvorgang wie der gesamte Stoffwechsel auch schnell genug vonstatten geht, dient eine weitere Fähigkeit der Enzyme: nämlich diese, Reaktionen gewaltig zu beschleunigen.

Enzyme beschleunigen biochemische Reaktionen z.T. auf die millionenfache Geschwindigkeit. Sie katalysieren sowohl die Hin- als auch die Rückreaktion, verändern sich selbst aber dabei nicht. Enzyme sind auch dafür verantwortlich, in welche Richtung ein chemischer Prozess abläuft und wie weit dieser Vorgang gehen soll. So steuern die Enzyme in den Wein- und Bierhefen den Prozess der Gärung bis hin zur Bildung von Alkohol und erst andere Enzyme (aus Essigsäurebakterien) lassen daraus Essig entstehen.

Die meisten von uns werden beim Wort »Katalysator« an ihr Auto denken. Hier reinigt der »Kat« die bei der Benzinverbrennung entstehenden Abgase – eine segensreiche Erfindung, die hilft, die Belastung der Umwelt mit Giftstoffen (etwas) zu reduzieren. Umgangssprachlich gemeint ist hier die gesamte technische Vorrichtung, die man auch bei PKW älteren Baujahres nachrüsten kann.

Seinen Namen verdankt der »Kat« jedoch einem Fachbegriff aus der Chemie. Katalysatoren sind Stoffe, welche eine chemische Reaktion beschleunigen, sich bei der Reaktion selbst aber nicht verändern und nach ihr wieder unverändert vorliegen. Bei der Abgasreinigung besteht diese chemische Reaktion in einer Nachverbrennung mit Stickoxiden und Sauerstoff. Dadurch werden die in den Abgasen noch enthaltenen schädlichen Kohlenwasserstoffe und Kohlenstoffmonoxide in drei Schritten (deshalb »3-Wege-Katalysator«) zu Kohlenstoffdioxid, Wasser und Stickstoff umgewandelt.

An der Energiegewinnung aus dem im Blut an Hämoglobin gebundenen und zur Zelle transportierten Sauerstoff ist eine Vielzahl von Enzymen bei den vorgegebenen Reaktionsschritten beteiligt. Es sind die Enzyme, die dafür sorgen, dass die stufenweise Energiegewinnung unter Beteiligung von Sauerstoff in der so genannten Atmungskette kontrolliert in Bahnen abläuft und die Zelle dabei keinen Schaden nimmt.

Enzyme arbeiten also höchst effizient. Eine winzige Menge von ihnen bringt bei Körpertemperatur chemische Reaktionen zustande, die ein Chemiker im Labor nur mit Hilfe sehr aggressiver Chemikalien und bei sehr hohen Temperaturen erzielen kann. So würden z. B. 30 Gramm reines Pepsins ausreichen, um binnen weniger Stunden mehr als 2000 Kilo Hühnereiweiß abzubauen.

Die Katalyse erspart Energie

Durch die Katalyse sinkt der Energiebedarf, der für eine biochemische Reaktion erforderlich ist. Enzyme können hiermit etwas, wovon Chemiker bislang nur träumen. Die Energieeinsparung entsteht v. a. dadurch, dass die Reaktion in sehr viele Einzelschritte aufgeteilt wird, die nacheinander erfolgen. Man spricht hier auch von »Enzymkaskaden« und meint damit, dass bei vielen Reaktionen Dutzende von verschiedenen Enzymen hintereinander geschaltet arbeiten.

Enge Kooperation und Kontrolle

Diese Kooperation untereinander ermöglicht zudem erst ein reguliertes Ende einer Reaktion. Die Enzyme, die zum Ende der Reaktionskaskade aktiv werden, stoppen bzw. hemmen die Arbeit ihrer Vorgänger, sodass schließlich der Ausgangszustand wieder erreicht wird. Dies ist wichtig, um zu verhindern, dass sich die Zelle etwa unkontrolliert aufheizt oder aber, dass Enzyme intakte körpereigene Strukturen angreifen.

Diese Balance zwischen Aktivität und Hemmung ist lebenswichtig etwa bei der Blutgerinnung, der Regulierung der Abwehrkräfte oder der Verengung und Erweiterung von Blutgefäßen.

Kontrolle ist besser

Um wirklich zu gewährleisten, dass die Aktivität der Enzyme in sicheren Bahnen verläuft, gibt es noch besondere Kontrollmechanismen. Denn Enzyme sind arbeitswütige Spezialisten, die sich über ihr passendes Substrat hermachen, egal woher es stammt. Damit sie nicht über das Ziel hinausschießen, werden manche Enzyme von den Zellen zunächst in einer Vorstufe produziert: als so genannte Proenzyme. Das Proenzym hat eine Art »Sicherungshebel«, der erst – durch ein anderes Enzym – gelöst wird, wenn die Reaktion benötigt wird.

Wichtige Helfer: Die Co-Enzyme

Damit die Arbeit optimal läuft, brauchen Enzyme zum Funktionieren häufig weitere Helfer. Diese Helfer werden deshalb auch Co-Enzyme genannt. Man kann sie sich als eine Art kleine Ergänzungsstoffe vorstellen, die das Enzym benötigt, um vollständig funktionsfähig zu werden. Die wichtigsten Co-Enzyme bzw. Bestandteile davon sind Vitamine, Mineralstoffe und Spurenelemente. Diese können von unserem Körper nicht selbst hergestellt, sondern müssen ihm von außen zugeführt werden. Deshalb ist eine Versorgung unseres Körpers mit ihnen so wichtig.

Einer der bekannteste Helfer ist Eisen. Das Eisenmolekül ermöglicht es dem Hämoglobin erst, den Sauerstoff aus der Atemluft an sich zu binden und von der Lunge in die Zellen zu transportieren. Andere wichtige Helfer der Enzyme sind z. B. die Spurenelemente Zink und Selen, Vitamin C und die Vitamine der B-Gruppe. Alleine Zink ist für

Enzymhemmung

Schwermetalle, Formaldehyd-Ionen und andere Gifte wie Kumarin oder Schlangengifte hemmen die Aktivität von Enzymen so stark, dass der Organismus sterben kann, wenn die zerstörten Enzyme nicht rechtzeitig ersetzt werden.

Andererseits ist das wohl bekannteste Medikament der Welt, nämlich das Aspirin, ebenfalls ein Enzymhemmer. Die Acetylsalicylsäure, aus der Aspirin besteht, lagert sich an ein Enzym an, das bei der Blutgerinnung und dem Verlauf von Entzündungen eine Rolle spielt.

ungefähr 80 verschiedene Enzyme das Co-Enzym.

Im Unterschied zu den Enzymen werden die Co-Enzyme bei der biochemischen Reaktion verbraucht. Sie müssen deshalb ständig neu zugeführt werden, da sonst der gesamte Enzymhaushalt gestört würde und Erkrankungen die unweigerliche Folge wären.

Temperatur und pH-Wert

Um optimal zu funktionieren, benötigen Enzyme ein bestimmtes Umgebungsmilieu. Dabei sind zwei Faktoren von besonders großer Bedeutung: die Temperatur und der pH-Wert.

Temperaturabhängigkeit

Wie jedes Protein sind Enzyme hitzempfindlich. Wenn Sie ein Ei kochen, so verfestigt sich das Eiklar ab einer Temperatur von etwa 45 °C. Die Moleküle des Eiweißes werden durch die Hitze verändert, man spricht hier von Hitzedenaturierung.

Die Aktivität der Enzyme hat ihr Optimum bei etwa 37 °C – unserer normalen Körpertemperatur. Die Enzymaktivität ist dabei ein Maß für die Zahl der Substratmoleküle, die ein Enzym pro Sekunde umsetzt.

Steigt die Temperatur an, so erhöht sich zunächst die Enzymaktivität. Dies ist ein wichtiger Vorgang bei Fieber. Fieber mobilisiert die Enzyme. Allerdings sind hier nach oben enge Grenzen gesetzt. Die Temperaturerhöhung bewirkt nämlich eine Teilchenbeschleunigung. Enzym- und Substratmoleküle bewegen sich schneller und treffen deshalb häufiger aufeinander. Die Enzymaktivität nimmt zu.

Dazu besagt die »Reaktions-Geschwindigkeits-Temperatur- (RGT) Regel, dass eine Temperaturerhöhung um 10 °C ungefähr eine Verdoppelung der Reaktionsgeschwindigkeit zur Folge hat. Umgekehrt erniedrigt sich die Enzymaktivität bei sinkenden Temperaturen und geht bei Minusgraden gegen Null. Dieses Prinzip ist die Grundlage dafür, dass man Lebensmittel durch Einfrieren haltbar machen kann.

Bei Temperaturen ab etwa 45 °C wird die thermische Bewegung der Enzymmoleküle so heftig, dass ihre Struktur zerstört wird. Ihre Oberfläche verändert sich, sodass ihr Schloss im aktiven Zentrum nicht mehr auf den Schlüssel des Substrats passt.

Abhängigkeit vom pH-Wert

Mit dem pH-Wert bezeichnet man ein Maß dafür, wie sauer oder alkalisch (basisch) eine wässrige Lösung ist.

Die pH-Skala:

Säuren:	pH-Wert von 0 bis 6
Neutral:	pH-Wert 7
Basen:	pH-Wert über 7

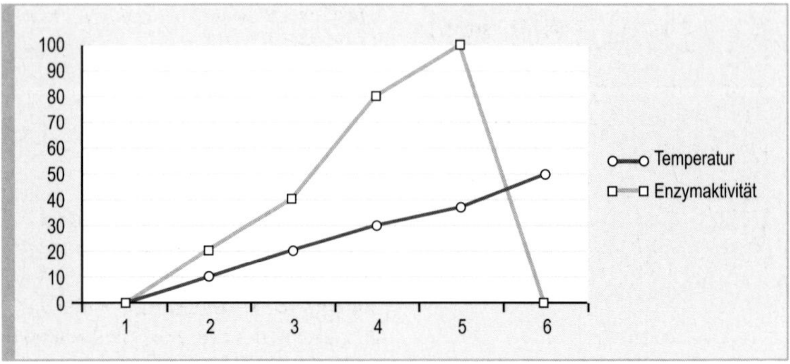

Enzymaktivität und Temperatur

Jedes Enzym hat sein eigenes pH-Optimum. So liegt zum Beispiel das pH-Optimun des eiweißspaltenden Pepsins in der Magensäure bei einem Wert von 2. Das Trypsin im Dünndarm benötigt ein leicht basisches Milieu mit einem pH-Wert zwischen 8 und 10.

Verändert sich der pH-Wert nur geringfügig, lässt die Enzymaktivität nach. Auch hier liegt der Grund darin, dass sich die räumliche Struktur des Enzymmoleküls verändert. Nur bei einem optimalen pH-Wert passt das aktive Zentrum des Enzyms (sein Schloss) genau auf das Substratmolekül.

Enzyme und unsere Gesundheit

Fassen wir zusammen: Enzyme sind komplexe Proteine, die im Organismus chemische Veränderungen in anderen Substanzen des Körpers bewirken. Dadurch stellen sie letztlich die Arbeitskraft und Energie bereit, die uns am Leben hält. Enzyme sind so genannte Bio-Katalysatoren, die notwendig sind, damit die über 150 000 verschiedenen chemischen Reaktionen, die in unserem Körper ablaufen, in einer angemessenen Weise stattfinden; und zwar insbesondere in einer angemessenen Zeitspanne und einer angemessenen Stärke.

Dies betrifft zum Beispiel die Verdauung und die Lieferung von Nährstoffen zu jeder Zelle. Enzyme helfen, die Nahrung so weit in verschiedene Substanzen aufzuspalten, dass sie durch die Zellwände hindurch geschleust werden können und somit für die lebenserhaltenden Funktionen zur Verfügung stehen.

Enzyme unterstützen unser Immunsystem dabei, Krankheitserreger und schädliche Stoffe zu bekämpfen. Enzyme helfen, den Körper zu reinigen.

Sie sind es auch, die die Fähigkeit des menschlichen Organismus zur Selbstheilung ermöglichen, indem sie

Bei schweren Erkrankungen reicht die körpereigene Enzymproduktion jedoch nicht aus, um alle diese Aufgaben wahrnehmen zu können. Die Produktion von Enzymen lässt zudem ungefähr ab dem 50. Lebensjahr nach. Dies ist ein Grund dafür, dass wir im Alter häufiger krank werden.

etwa die für die Wundheilung notwendige Blutgerinnung steuern und die bei einer Entzündung entstehenden Zelltrümmer und Ödeme abbauen. Auch Krebserkrankungen werden durch die Selbstheilungskräfte in Schach gehalten. Im Körper entstehen permanent defekte Zellen, die das Immunsystem in der Regel bereits im Anfangsstadium vernichtet.

Enzyme übernehmen also so viele wichtige Aufgaben im menschlichen Körper, dass man sie mit Fug und Recht als die Basis des Lebens und der Gesundheit bezeichnen kann. Im Umkehrschluss folgt daraus auch, dass ein Mangel an Enzymen zu Krankheiten führt und dass diese Krankheiten wiederum geheilt oder deutlich gelindert werden, wenn man die fehlenden Enzyme dem Körper wieder zuführen kann. Dies gelingt der modernen systemischen Enzymtherapie, die seit Beginn der 60er Jahre des 20. Jahrhunderts wissenschaftlich erforscht und anerkannt ist. Ihre »Vorläufer« reichen jedoch weit in die Frühgeschichte der Erfahrungsheilkunde zurück, die Enzymtherapie gehört damit auch zu den ältesten Behandlungsformen der Menschheit.

Enzyme helfen bei Entzündungen

Bei jeder Verletzung von Gewebe, egal an welchem Ort im Körper sie auftritt, ob im Körperinneren an Gelenken oder Organen oder außen auf der Haut setzt eine Entzündungsreaktion ein. Sie ist von typischen Symptomen begleitet: Der betroffene Bereich rötet sich, wird heiß, schwillt an, Schmerzen entstehen, die Beweglichkeit ist u. U. beeinträchtigt.

Diese Entzündungsreaktion ist aber streng genommen keine Erkrankung, sondern nur ein Übergangszustand, der eine erfolgreiche Arbeit des Immunsystems einleitet. Sie ist ein Zeichen dafür, dass der Körper eine Erkrankung bekämpft: Er vernichtet eingedrungene Erreger, transportiert geschädigtes Gewebe ab und baut neues, gesundes Gewebe wieder auf.

Eine Entzündung ist eine Abwehrreaktion des Immunsystems, die zur Heilung notwendig ist. Sie stellt also durchaus einen erwünschten Prozess dar. Es geht deshalb nicht darum, bei der Behandlung die Entzündungsreaktion zu unterdrücken, sondern nur darum, sie zu steuern und in »vernünftigen« Bahnen zu halten. Die Entzündung sollte nicht zu schwach ablaufen, aber auch nicht überschießend sein. Diese Steuerung oder Balance wird durch die Arbeit von Enzymen ermöglicht.

Was alles zu einer Entzündung führen kann

Die Liste der Ursachen für Entzündungen ist lang:

- schädigende physikalische Reize wie Hitze (Verbrennungen, Sonnenbrand), Frost (Erfrierungen) oder radioaktive Strahlung (Röntgenstrahlen)
- eine stumpfe Einwirkung von mechanischem Druck (ein so genanntes Trauma) führt zu Prellungen, Zerrungen, Blutergüssen
- Mikroorganismen wie Bakterien, Viren und Pilze sowie Parasiten schädigen das Gewebe
- chemische Schädigungen entstehen durch Gifte und Schadstoffe
- allergieauslösende Substanzen wie Pollen (Heuschnupfen, Ekzeme)
- schädigende Moleküle, die bei der Abwehrarbeit des Körpers selbst entstehen können (so genannte Immunkomplexe)

Was passiert bei einer Entzündung?

Die Entzündungsreaktionen

An jeder Stelle unseres Körpers patroullieren in den feinen Blut- und Lymphgefäßen auf Abwehr spezialisierte Zellen des Immunsystems, die Fresszellen (Makrophagen, Phagozyten). Ihre Aufgabe ist es, körperfremde Eindringlinge wie auch zerstörte eigene Körperzellen zu vernichten. Dies tun sie, indem sie sich über den Gegner stülpen und ihn schlicht und einfach mittels proteolytischer (= eiweißauflösender) Enzyme verdauen.

Stellen wir uns vor, jemand zieht sich bei der Gartenarbeit eine blutende Risswunde zu. In die Wunde dringen zudem Bakterien aus der Gartenerde ein.

Nun muss sehr schnell folgendes passieren:

1. Die Wunde muss abgedichtet werden, um den Blutverlust schnell zu stoppen und auch, um die Äderchen im verletzten Gebiet zum Körper hin abzudichten, damit Bakterien nicht in die Blutbahn geraten und sich im Körper verteilen. Hier tritt sofort das Blutgerinnungssystem auf den Plan.
2. Das zerstörte Gewebe muss entsorgt werden. Hierzu gehört auch, dass Blutgerinnsel, die nicht mehr zur Abdichtung der Wunde nötig sind, wieder aufgelöst werden. Krankheitserreger müssen abgetötet werden.
3. Schmerzen müssen gelindert werden.
4. Neues Gewebe muss gebildet werden.

1. Blutgerinnung

Normalerweise ist es so, dass bei Verletzungen, die Blutgefäße beschädigt haben, die Blutung relativ schnell zum Stillstand kommt. Das Blut gerinnt und dichtet das Leck ab. Dafür verantwortlich ist ein Blutklebstoff namens Fibrin, der an der verletzten Stelle ein Netz aufbaut, in dem die Blutplättchen und die roten Blutkörperchen hängen bleiben. Wichtig ist natürlich, dass das Fibrin nur an der Verletzung aktiv wird und sich im fließenden Blut nicht auswirkt. Denn sonst würde ja das Blut überall verklumpen mit der Folge von lebensgefährlichen Blutgerinnseln. Im fließenden Blut liegt das Fibrin deshalb nur in einer inaktiven Vorstufe vor, die man Fibrinogen nennt.

Erst ein Enzym, das Thrombin, wandelt das Fibrinogen in den Blutklebstoff Fibrin um. Dies geschieht in einer komplexen enzymatischen Reaktionskaskade von 12 Stufen, damit sicher gestellt ist, dass wirklich nur bei einer Verletzung eine Blutgerinnung erfolgt. Die Gerinnungsreaktion stoppt automatisch durch enzymatische Hemmung, wenn die Gefäße abgedichtet sind.

2. Entsorgung von Unfalltrümmern, Beseitigung von Erregern

Bei einer Verletzung sind schnell mehrere Hunderttausend oder gar Millionen Zellen zerstört, hinzu kommt überschüssiges geronnenes Blut. Die Wunde wird ja nicht nur nach außen, sondern auch nach innen abgedichtet. Damit ist die Verletzung erst einmal vom Blut- und Lymphsystem des Körpers abgeschottet, was aber auch dazu führt, dass Hilfstruppen blockiert sind und den Unfallort schwer erreichen. Hier beginnt eine erste wichtige Aufgabe von proteolytischen Enzymen: Sie sorgen dafür, dass überschüssiges Fibrin wieder beseitigt wird und die Wege frei werden für den Abtransport der Trümmer. Je schneller und effektiver dies geht, umso besser heilt die Wunde ab.

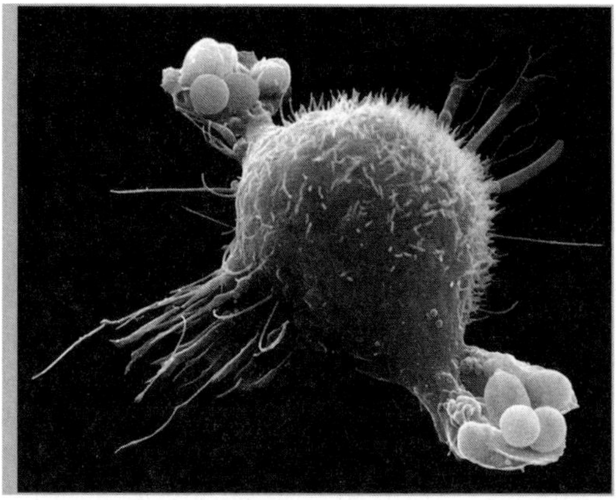

© Getty Images

Fresszelle fängt ein Bakterium ein

Zwar sind Fresszellen »routinemäßig« in der Nähe des Entzündungsortes, jedoch nur in sozusagen durchschnittlicher Normalbesetzung. Um nun Gewebetrümmer zu entsorgen und zu verhindern, dass sich die Bakterien ungehindert rasant vermehren, brauchen sie dringend Verstärkung. Wie »funken« sie nun Hilfe herbei? Diese

Aufgabe übernimmt ein System von nicht weniger als ungefähr 20 hintereinander geschalteten Enzymen, das Komplementsystem (dazu mehr im Abschnitt über das Immunsystem). Durch die Gewebeverletzung werden Lock- oder Botenstoffe freigesetzt, die in die benachbarten kleinen Blutgefäßen dringen und die dort vorbeiströmenden Fresszellen zu der infizierten Stelle führen. Gleichzeitig wird im Bereich des Entzündungsortes die Durchlässigkeit der Gefäße erhöht, was mehr Immunzellen und auch andere lösliche Mediatoren der Immunität herbeitransportiert. Das Gewebe wird stärker durchblutet, was man daran merkt, dass es sich rötet, heiß wird, anschwillt und schmerzt. Bereits der Temperaturanstieg im Bereich der Verletzung hat zur Folge, dass die Enzymaktivität ansteigt.

Bei der Einwanderung der Fresszellen in das Gewebe spielen so genannte Adhäsionsmoleküle eine wichtige Rolle. Es handelt sich hierbei um Ausstülpungen auf der Zelloberfläche der Fresszellen. Im Falle einer Verletzung bilden nun auch die Zellen der betroffenen feinen Blutgefäße (Kapillaren) solche Adhäsionsmoleküle aus. Die Fresszellen können nun dort »andocken« und durch die Gefäßwände hindurchtreten. Nun nehmen sie den Lockstoff wahr und wandern auf dessen Spur zum Entzündungsherd.

Falls Bakterien in die Wunde eingedrungen sind, müssen die Makrophagen diese sicher erkennen, damit sie wissen, was sie vernichten sollen. In einer weiteren Stufe der Komplementreaktion werden die Bakterien mit bestimmten enzymatischen Komponenten des Komplementsystems beschichtet (man nennt dies »Opsonierung«), die quasi den Appetit der Fresszellen anregen, sodass sie sich über die Eindringlinge hermachen und diese enzymatisch auflösen.

3. Schmerzlinderung

Jede Verletzung/Entzündung ist mit mehr oder weniger großen Schmerzen verbunden. Diese haben zunächst die Schutzfunktion, dass wir uns sofort von der schädigenden Einwirkung entfernen (z. B. der heißen Herdplatte oder einer Messerklinge) – sofern dies jedenfalls möglich ist. Ohne Schmerzempfinden befänden wir uns in andauernder Lebensgefahr. Der Schmerz bewirkt zudem automatisch eine Ruhigstellung der betroffenen Körperteile, so dass die Verletzung nicht noch unnötig durch Bewegungen ausgeweitet wird.

Die Schmerzen haben im Wesentlichen zwei Ursachen. Erstens werden durch die Verletzung auch Nervenzellen beschädigt, die den Schmerzreiz direkt an das Gehirn melden, oder aber es drücken Schwellungen auf die Nerven. Zweitens werden im Verlauf der Entzündungsreaktion verschiedene Stoffe ausgeschüttet (Prostaglandine, Histamin, Serotonin, Bradykinin und Kallikreine/Kinine). Diese kommen auch in Berührung mit den freien Enden der Nervenbahnen, den Nozizeptoren, reizen diese zusätzlich und tragen auf diese Weise ganz erheblich zur Schmerzentwicklung bei. Das Peptid Bradykinin erhöht die Durchlässigkeit von Gefäßen und erweitert sie. Es ist die am stärksten Schmerz auslösende Substanz und wird normalerweise, wie auch andere Kinine, durch Enzyme (die Kininasen) gespalten und inaktiviert. Wirken sie länger auf die Nerven ein, erhöht sich die Schmerzempfindlichkeit. Chronische Erkrankungen sind deshalb auch meist mit chronischen Schmerzen verbunden, die meist die Hauptursache des Leids und des Verlustes an Lebensqualität ausmachen.

Wenn die Entzündung abheilt, spalten proteolytische Enzyme die Schmerz erzeugenden Prostaglandine und Kinine. Sie haben damit eine schmerzstillende (analgetische) Wirkung und bremsen eine mögliche Schmerzspirale, also eine immer größere Schmerzempfindlichkeit, ab.

4. Aufbau neuen Gewebes

Noch etwa 12 bis 26 Stunden nach der Verletzung ist das enzymgestützte Immunsystem damit beschäftigt, Gewebetrümmer und Blutgerinnsel zu zerkleinern, verflüssigen und abzutransportieren. Gleichzeitig beginnen jedoch die ersten Reparaturmaßnahmen, nämlich der Aufbau von neuem Gewebe. Zerrissene kleine Blutgefäße müssen geflickt werden, Zellen des Bindegewebes müssen nachwachsen. Durch Zellteilung bilden sich neue Zellen aus, die exakte Kopien der zerstörten Artgenossen sind.

Dieser Vorgang ermöglicht es z. B. auch, dass man heutzutage in der Medizin in der Lage ist, Hautgewebe im Labor zu züchten und es wieder zu verpflanzen. Manche inneren Organe, wie die Milz und die Leber, haben eine geradezu phänomenale Fähigkeit, sich durch die Bildung neuer Zellen zu regenerieren.

Ist die Reparatur abgeschlossen, fällt – bei einer äußerlichen Wunde – der Wundschorf von alleine ab. Es dauert meist noch eine ganze Weile, bis sich das neue Gewebe stabilisiert hat und Narben verblassen. Bei schweren Verletzungen bleiben Narben dauerhaft bestehen. Dies gilt auch für innere Verletzungen. Hier kann Narbengewebe auf Nerven drücken und zu chronischen Beschwerden führen.

Störungen der Entzündungsreaktion

Es ist immer ein Hinweis auf einen Enzymmangel, wenn Wunden schlecht abheilen und blaue Flecken nur sehr langsam verschwinden. Solche Hemmungen der Entzündungsreaktion können durch Enzymgaben erfolgreich beseitigt werden. Allerdings kann es bei dem komplizierten Ineinandergreifen von Blutgerinnung, Makrophagentätigkeit und Regeneration auch zu Störungen kommen, die eher mit einem Überschießen der Immunantwort zu tun haben.

Diese Gefahr besteht z. B. besonders bei großen Verletzungen, die eine heftige Entzündungsreaktion zur Folge haben. Hier kann es passieren, dass auf den Zelloberflächen besonders viele Adhäsionsmoleküle ausgebildet und besonders viele die Fresszellen anlockende Botenstoffe (Zytokine) produziert werden. Das Steuerungssystem von enzymatischer Aktivierung und Hemmung kann dann zusammenbrechen. Die herbeigerufenen Makrophagen und Granulozyten stehen sich sozusagen selbst im Weg, oder sie arbeiten zu lange weiter und greifen schließlich auch gesundes Gewebe an. Aus einer akuten Entzündung kann eine chronische Entzündung entstehen, die nie wirklich ausheilt und immer wieder aufflackert.

Bei solchen chronischen Schädigungen (wie auch bei großen Verletzungen) benötigt der Körper zudem schnell größere Mengen an Enzymen, als er in seinen Zellen selbst herstellen kann. Werden nun auch von außen keine Enzyme zur Verstärkung herbeigeführt, fehlen anscheinend sehr oft gerade die Enzyme, die weiter hinten in der Kette der Komplementkaskade stehen und die Entzündungsreaktion abbremsen und schließlich beenden. Es kann so ein Teufelskreis von immer neuen Entzündungsreaktionen entstehen, weil etwa die überaktivierten Makrophagen auch immer wieder eigentlich gesundes Gewebe angreifen, was wiederum eine neue Entzündungsreaktion setzt.

In der Schulmedizin werden deshalb bei überschießenden Entzündungsreaktionen Medikamente eingesetzt, die das Immunsystem oder die Bildung von Botenstoffen hemmen. Dies lässt sich manchmal nicht vermeiden, um akute Gefahren abzuwenden, hat jedoch den Nachteil, dass Mikroorganismen (Viren, Bakterien) und andere Schädiger nicht vollständig eliminiert werden, sodass die Schädigung nicht wirklich ausheilt.

Enzyme bei Erkrankungen der Gelenke

Erkrankungen der Gelenke werden meist global als »Rheuma« oder »Rheumatismus« bezeichnet. Rheuma bedeutet übersetzt nichts anderes als Schmerz. Hinter der Bezeichnung verbergen sich viele verschiedene entzündliche Erkrankungen des Muskel- und Skelettapparats. Man

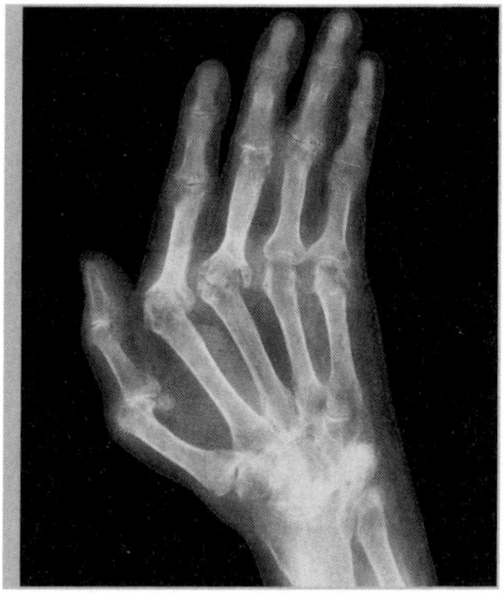

Röntgenbefund der Hand bei rheumatoider Arthritis

spricht deshalb auch von Erkrankungen des »rheumatischen Formenkreises« und unterscheidet zunächst nur grob zwischen entzündlichen und degenerativen Gelenkerkrankungen sowie Weichteilrheumatismus des Gewebes; z. B. eine Sehnenscheidenentzündung. »Rheuma« hat also viele Gesichter. Eine einheitliche Erkrankung namens »Rheuma« gibt es gar nicht, vielmehr umfasst der »rheumatische Formenkreis« mehr als 100 Erkrankungen. Am meisten verbreitet sind hier

- die Arthrose (Schädigung der Gelenke durch Verschleiß)
- die chronische Polyarthritis (rheumatoide Arthritis; chronische Entzündung meist vieler Gelenke)
- der Morbus Bechterew (Entzündung der Gelenke der Wirbelsäule)
- Weichteilrheumatismus (Entzündung von Gewebe im Bereich von Gelenken, z. B. Sehnenscheidenentzündung, Schultersteife)

Die häufigsten angewendeten synthetischen Antirheumamittel sind Kortisonpräparate (Dexamethason, Prednisolon) und die so genannten nichtsteroidalen Antiphlogistika (NSAR); hierzu gehören die Wirkstoffe: Diclofenac, Acetylsalicysäure (Aspirin), Ibuprofen, COX-II-Hemmer.

Die Liste der möglichen Nebenwirkungen insbesondere bei längerer Einnahme ist lang und beängstigend:

- Kortikoide:
  Osteoporose, Depressionen, Glaukom, Magengeschwüre, Entzündungen der Bauchspeicheldrüse, Ödeme (»Vollmondgesicht«), Bluthochdruck, erhöhtes Risiko von Thrombosen, Muskelschwäche, Infektionsanfälligkeit u.v.a.m.
- NSAR:
  Magen- und Darmgeschwüre, Schädigung der Leber und der Nieren, Übelkeit, Durchfall, Erbrechen, Störungen der Blutbildung, Kopfschmerzen, Hautausschlag u.v.a.m.

Die meisten Erkrankungen der Gelenke und des rheumatischen Formenkreises verlaufen sehr langwierig und können selten vollständig geheilt werden, insbesondere wenn die Behandlung spät einsetzt.

Enzyme haben sich bei der Therapie bewährt, denn im Unterschied zu chemischen, synthetischen Medikamenten (s. Kasten) sind sie im Allgemeinen sehr gut verträglich und fast frei von Nebenwirkungen, sodass sie auch ohne Probleme über sehr lange Zeiträume eingenommen werden können.

Ohne Gelenke keine Beweglichkeit

Das menschliche Skelett besteht aus ungefähr 230 Knochen, die durch Gelenke oder gelenkähnliche Strukturen wie die Bandscheiben der Wirbelsäule miteinander verbunden sind. Gelenke ermöglichen überhaupt, dass wir uns bewegen können.

Sind die Gelenke krank und ist die Beweglichkeit eingeschränkt, so leiden wir nicht nur an Schmerzen, sondern auch daran, dass unsere Mobilität und unser Bewegungsraum und damit unsere Lebensqualität reduziert sind.

Die am stärksten belasteten Gelenke sind die Hüft- und Kniegelenke. Schon beim normalen Gehen wirkt das drei- bis vierfache Körpergewicht auf sie ein. »Verschleißerscheinungen« treten deshalb besonders häufig hier auf. Wobei es aber sogar weniger ein Zuviel, sondern vor allem ein Zuwenig an Bewegung ist, welches die Gelenke schädigt. Dies liegt daran, dass nur durch Bewegung der empfindliche Gelenkknorpel mit Nährstoffen und Flüssigkeit versorgt wird. Knorpel hat kein eigenes Gefäßsystem. Man kann ihn mit einem Schwamm vergleichen, der sich bei einer Druckentlastung mit der Gelenkflüssigkeit vollsaugt und unter Druckausübung die Flüssigkeit wieder von sich gibt.

Der Aufbau von Gelenken

Das Gelenk ist von einer dünnen Hülle, der Gelenkkapsel, umgeben. Neben dem Schutz des inneren Gelenkraumes ist sie für die Produktion der Gelenkflüssigkeit (Synovia) verantwortlich. Die innere Schicht der Gelenkkapsel ist von vielen feinen Blut- und Lymphgefäßen und Nervenenden durchzogen. Sie ist sehr schmerzempfindlich, um das Gelenk vor einer Überbelastung zu schützen.

Der Knorpel

Der Knorpel überzieht die Enden der in das Gelenk hineinragenden Knochen. Die Knorpelschicht ist relativ dünn und beträgt einen bis wenige Millimeter. Sie besteht zu 65 bis 80 Prozent aus Wasser, die festen Bestandteile werden hauptsächlich aus Bindegewebefasern gebildet. Knorpel zeichnet sich durch seine besondere Elastizität und Druckfestigkeit aus. Dadurch, dass seine Oberfläche sehr glatt ist, vermindert der Knorpel die Reibung, die auftritt, wenn sich die Knochenenden im Gelenk gegeneinander bewegen.

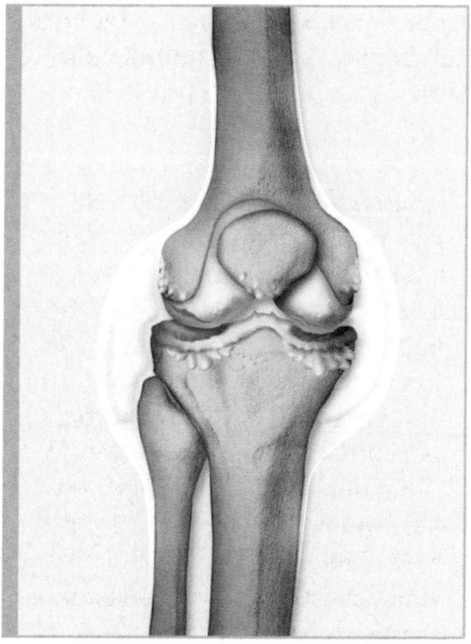

© W. Szczesny

Aufbau eines Gelenkes (hier Kniegelenk; mit Knochenende, Knorpel, Gelenkkapsel, Membrana synovalis, Gelenkspalt, Bänder, Sehnen).

Was passiert bei einer Arthrose?

Arthrosen sind, wie schon erwähnt, besonders häufig an Gelenken, die einer starken Belastung ausgesetzt sind, wie die Hüft- und die Kniegelenke. Die Druckbelastung, möglicherweise verbunden mit Fehlhaltungen, führt insbesondere dazu, dass der Knorpel geschädigt wird. Allerdings kann es auch in Gelenken wie den Finger- oder Schultergelenken zu Arthrosen kommen, ohne dass hier besondere Gewichtsbelastungen auftreten. Eine einseitige Belastung entsteht nämlich auch durch Fehlhaltungen und Muskelverspannungen. Ein Mensch, der viel sitzt, hält dabei seine Knie- und Hüftgelenke stundenlang in der gleichen Position. Hierbei entsteht ein dauerhafter einseitiger Zug und Druck, außerdem wird der Knorpel schlecht versorgt.

> Entzündliche Gelenkerkrankungen nennt man Arthritis, degenerative, durch »Abnutzung« entstandene Gelenkschäden bezeichnet man als Arthrose. Die Bezeichnung Arthrose stammt aus dem Griechischen: Arthros bedeutet Gelenk, -ose meint die Veränderung durch Verschleiß; die Endung »-itis« bedeutet immer, dass eine Erkrankung entzündlich ist. Die Arthrose ist mit Abstand die häufigste Gelenkerkrankung. Sie kann immer wieder in einen entzündeten Zustand übergehen.

Fast alle älteren Menschen leiden bis zu einem gewissen Grad an Arthrose. Alter ist hierbei sehr relativ: Schon bei vielen 40-jährigen stellt man im Röntgenbild bei Reihenuntersuchungen arthrotische Veränderungen an Gelenken fest, die hier jedoch meist noch gar keine Beschwerden verursachen. Bereits ab dem vierten Lebensjahrzehnt verliert das Knorpelgewebe allmählich seine Elastizität. Die Knorpelschicht wird dünner, spröder und anfälliger für Schädigungen. Zudem wird der Gelenkknorpel nicht mehr so gut mit Nährstoffen versorgt. Durch Fehlhaltungen, einseitige Belastungen oder großes Übergewicht kann eine Arthrose auch schon in mittleren Lebensjahren schmerzhafte Symptome erzeugen.

Im Verlauf der Erkrankung geht die Knorpelschicht allmählich zugrunde, von dem spröden Knorpel splittern Teile ab, die die Gelenkinnenhaut reizen und verletzen.

Diese Reizung ruft Botenstoffe des Immunsystems (Zytokine) auf den Plan, eine Entzündungsreaktion setzt ein. In ihrem Verlauf werden Enzyme ausgeschüttet, die so genannten Kollagenasen, die die abgeriebenen Knorpelteilchen zersetzen. Hierbei entstehen Abbauprodukte und Immunkomplexe, die wiederum einen Entzündungsprozess verursachen.

Das betroffene Gelenk schmerzt und ist in seiner Beweglichkeit eingeschränkt. Im weiteren Fortschreiten der Arthrose treten typische Beschwerden auf wie etwa der »Anlaufschmerz« nach Ruhepausen, der wieder abklingt, wenn wir uns länger bewegen.

Wenn der Knorpel immer weiter zerstört wird, sind irgendwann die Knochen, die in das Gelenk hineinragen, nicht mehr geschützt. Dadurch kommt es nun auch zu einer Vernichtung (Nekrose) von Knochengewebe, die eine erhebliche Bewegungseinschränkung und sehr starke Schmerzen zur Folge hat.

Arthrose und Arthritis

Bei der Arthrose laufen Prozesse ab, die der Entzündungsreaktion ähneln. Die Arthrose kann auch immer wieder in eine akute Entzündung umschlagen – etwa wenn Knorpelteilchen die Gelenkinnenhäute reizen und verletzen.

Eine reine Arthritis ohne degenerative Verschleißerscheinung der Gelenke ist eher selten. (Hiervon müssen wir allerdings die rheumatoide Arthritis (RA) – früher als chronische Polyarthritis (cP) bezeichnet, unterscheiden, die jedoch eine Autoimmunerkrankung ist und deshalb in dem entsprechenden Kapitel (Seite 97) näher angesprochen wird.) Eine akute Entzündung kann auch durch Bakterien verursacht werden oder durch das Einwirken von Druck und Stößen etwa beim Sport(unfall).

Beim Arthroseprozess entstehen jedoch Entzündungsfaktoren, die wiederum bestimmte Enzyme freisetzen, die die Substanz des Knorpels angreifen und zerstören. Offensichtlich produzieren die Knorpelzellen im ar-

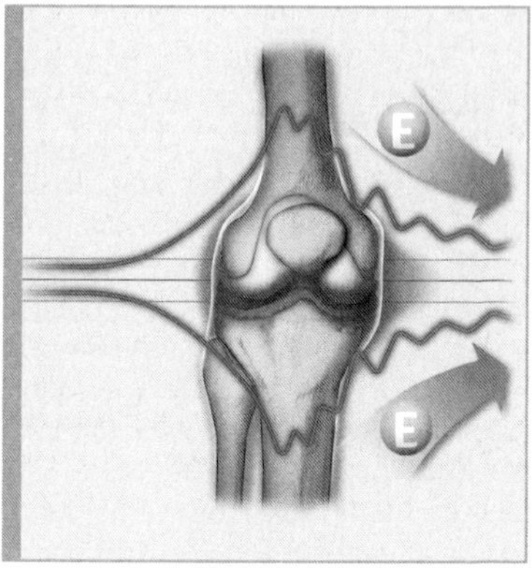

Enzyme (E) senken die Entzündungsaktivitäten

throtischen Gelenk Moleküle, die im gesunden Knorpel nicht zu finden sind.

Wenn die Arthrose weiter fortschreitet, löst der Körper auch immer stärker werdende Reparaturmechanismen aus. Aber es bilden sich zwar vermehrt – wie in einer Kurzschlussreaktion – Knorpelzellen durch Zellteilung neu, diese sind aber fehlerhaft, sterben ab und heizen damit den Entzündungs- bzw. Verschleißprozess an.

Wie Enzyme bei rheumatischen Erkrankungen helfen

Schmerz ist eines der Hauptsymptome bei rheumatischen Erkrankungen, egal ob sie akut entzündlichen oder degenerativen (wie auch immunologischen) Ursprungs sind. Bei der Behandlung solcher Erkrankungen mit einer oralen, systemischen Enzymtherapie kommt deshalb neben der entzündungssteuernden Wirkung der Enzyme auch ihre schmerzstillende (analgetische) Wirkung besonders zum Tragen.

Die therapeutischen Effekte der Enzymtherapie bei Erkrankungen der Gelenke werden seit Jahrzehnten wissenschaftlich erforscht und konnten in vielen Studien belegt werden. So erschien schon 1963, also vor über 40 Jahren, in einer wissenschaftlichen Fachzeitschrift eine Studie, die die schmerzstillenden und entzündungsregulierenden Effekte von Enzymen aufzeigte. Die Wirkung proteolytischer, also eiweißspaltender Enzyme gilt als erwiesen für die folgenden Effekte:

- Ödemverminderung, dadurch Abschwellung
- Reduktion von Adhäsionsmolekülen
- Abbau zirkulierender Immunkomplexe
- Anregung der Fresszellen (Phagozytose)
- Spaltung und Inaktivierung von schmerzverstärkenden Prostaglandinen und Bradykinin

Von besonderem Interesse ist die analgetische Wirkung der Enzymtherapie auch deshalb, weil »klassische« Schmerzmittel die Nieren schädigen können, und Wirkstoffe wie Diclofenac (z. B. als Voltaren bekannt), ein so genanntes nicht-steroidales Antiphlogistikum mit schmerzstillenden und entzündungshemmenden Eigenschaften, gefährliche Nebenwirkungen wie Magenblutungen haben können. Enzymkombinationen sind hingegen sehr gut verträglich, haben im Allgemeinen keine unerwünschten Nebenwirkungen und können ohne Bedenken auch über längere Zeiträume eingenommen werden (siehe Seite 98).

Enzympräparate werden deshalb auch bei »Gelenkverschleißerkrankungen« und weichteilrheumatischen Beschwerden eingesetzt, bei denen Entzündungen nicht im Vordergrund stehen.

So etwa bei einer Erkrankung, die den geheimnisvollen Namen »Periarthropathia humeroscapularis tendopathica simplex« (abgekürzt PHS) trägt. Dahinter verbirgt sich nichts anderes als die leider gar nicht so seltene schmerzhafte Schultersteife. Hier führen Kälte, Nässe, Zug, Mikrotraumen durch lokale Überbeanspruchung, psychischer Stress zu einer erhöhten Muskelanspannung. Dadurch kommt es letztlich zu kleinen, chronisch andauernden Entzündungen. (Diese zeigen sich bei Laboruntersuchungen jedoch oft gar nicht in abnormen Werten.) Diese Mikro-Entzündungen lösen die den Schmerz verstärkenden Botenstoffe aus. Die Schmerzen führen wiederum zu Verspannungen und bewegungsvermeidenden Schonhaltungen – der Teufelskreis der Schmerzspirale setzt ein: Schmerz – erhöhte Muskelverspannung – dadurch mehr entzündliche Veränderungen – mehr Schmerz ...

Die Schmerzspirale spielt bei allen degenerativen und entzündlichen Erkrankungen eine leider unrühmliche Rolle. Wenn sie durchbrochen werden kann, ist ein zentraler Schritt in Richtung Heilung getan.

Sie spielt auch eine zentrale Rolle bei Rückenschmerzen (unter denen mindestens jeder dritte Erwachsene zumindest hin und wieder leidet) und Arthrosen des Kniegelenks (Gonarthrose).

In einer Studie, die in Österreich durchgeführt und 1999 veröffentlicht wurde*, untersuchte man insgesamt 40 Patienten mit PHS, 73 Patienten mit einer Arthrose des Kniegelenks und 120 Patienten mit einem Wirbelsäulensyndrom. Die Ärzte interessierte dabei, ob eine sanfte, d. h. nebenwirkungsfreie Enzymtherapie es mit der wesentlich aggressiveren Behandlung mit dem »chemischen Diclofenac« aufnehmen könnte – insbesondere, was die Schmerzstillung betrifft.

Über den Zeitraum der Behandlung von drei Wochen erhielt die Hälfte der Patientinnen und Patienten ein Enzym-Kombinations-Präparat, die anderen 50 Prozent nahmen Diclofenac ein. Zur »Messung« der Schmerzintensität wurde eine Summe von vier verschiedenen typischen Schmerzarten gebildet: Ruheschmerz, Bewegungsschmerz, Druckschmerz, Nachtschmerz.

Bei allen drei Erkrankungen zeigte sich, dass die Enzymtherapie mindestens genauso erfolgreich war wie die Behandlung mit Diclofenac, tendenziell war sie sogar leicht überlegen, wie sie den folgenden Abbildungen entnehmen können.

Auch bei der Arthrose des Kniegelenks – hier wurden 73 Patienten und Patientinnen untersucht – waren die Enzyme ebenso effektiv wie Diclofenac.

Der Therapieerfolg war auch noch nach 7 Wochen stabil bzw. hatte sich noch weiter leicht verbessert. Die Verträglichkeit wurde von fast allen Patientinnen und Patienten als »sehr

* Klein G, Kullich W (1999) Schmerzreduktion durch eine orale Enzymtherapie bei rheumatischen Erkrankungen. Wien Med Wochenschr 149:. 577–560

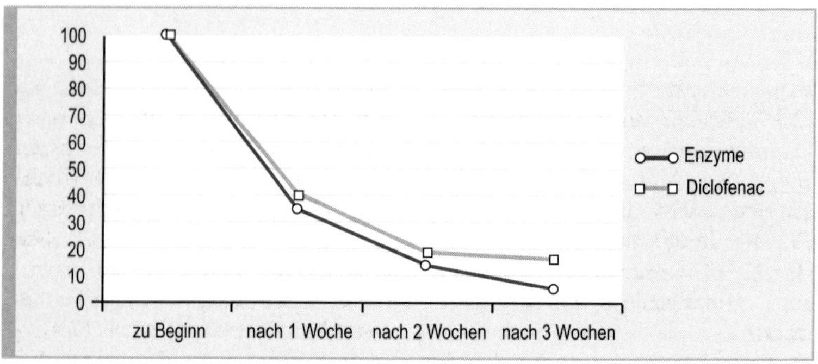

Abnahme der Schmerzen bei PHS

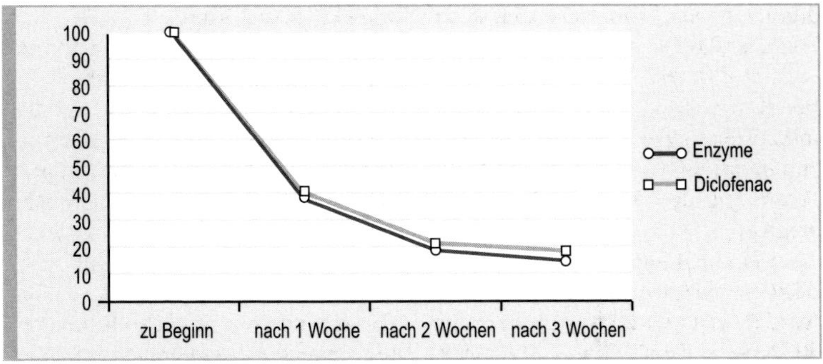

Schmerzreduktion bei Gonarthrose

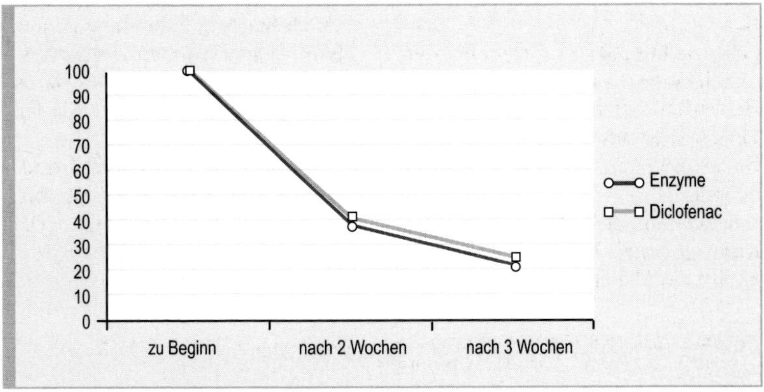

Schmerzreduktion bei Wirbelsäulensyndrom

gut« eingestuft. Nur ein Patient (2,8 %) schied wegen Unverträglichkeit der Enzyme vorzeitig aus der Behandlung aus. In der Diclofenac-Gruppe waren dies drei Patienten (8,1 %). In der dritten Gruppe wurden 120 Patientinnen und Patienten mit Wirbelsäulensyndrom untersucht.

Auffällig ist bei allen drei Krankheitsbildern, dass die Enzymtherapie auch in der Geschwindigkeit, mit dem die Wirkung eintritt, dem »chemischen« Medikament in nichts nachsteht: Bereits nach einer Woche Behandlung haben die Schmerzen um 60 Prozent abgenommen. Nur beim Wirbelsäulensyndrom dauert dieser Effekt länger. Aber hier tritt auch bei Diclofenac eine Wirkung langsamer ein – dies liegt vermutlich daran, dass beim Wirbelsäulensyndrom größere Bereiche entzündlich betroffen sind.

Die Ärzte, die die Studien durchgeführt haben, kommen zur abschließenden Bewertung: »Proteolytische Enzyme stellen wegen ihrer relativ geringen Nebenwirkungsrate auf jeden Fall eine interessante therapeutische Alternative dar und können dazu beitragen, den Einsatz von Antirheumatika mit einem doch nicht unerheblichen Nebenwirkungsspektrum zu reduzieren.«

Enzyme bei Sport- und anderen Verletzungen

Jeder kennt es: Einmal kurz nicht aufgepasst – und statt des Nagels trifft der Hammer den Daumen. Ein Schmerz durchzuckt den Gepeinigten, der Daumen wird heiß, schwillt an und verfärbt sich in den nächsten Tagen in allen Schattierungen von Rot nach Blau, Grün und Gelb.

Oder: Wir schwingen uns auf das Fahrrad, voller guter Vorsätze, etwas für unsere Fitness zu tun – den gleichen Gedanken hat auch unser Nachbar, der mit seinem Schäferhund ein kurzes Wettrennen austrägt (welches er natürlich kaum gewinnen kann). Das Tier prescht übermütig los, kreuzt unseren Fahrweg, und wir landen auf dem Asphalt. Eine Schürfwunde ziert nun unser Knie, diverse blaue Flecken und Blutergüsse machen sich bemerkbar.

Der Nachbar wiederum bleibt abrupt und mit vor Schmerz verzerrtem Gesicht stehen und greift sich an den Oberschenkel. Er ist, unaufgewärmt, wie er war, zu schnell angetreten und hat sich eine Muskelzerrung zugezogen. (Nur dem Hund fehlt nichts, aber das ist eine andere Geschichte.)

Enzyme sind sowohl vorbeugend als auch nach Sportverletzungen sinnvoll

Solche Beispiele scheinen den Verdacht zu bestätigen, dass »Sport = Mord« sei und das Leben als solches gefährlich. Verletzungen bei sportlichen und anderen Freizeitaktivitäten verursachen tatsächlich nicht unbeträchtliche Kosten bei den Krankenversicherungen. Immer wieder wird auch die Forderung laut, dass man Menschen, die »verletzungsträchtige« Sportarten betreiben, extra zur Kasse bitten solle. Dies erscheint etwas widersinnig, denn andererseits wird beklagt (teilweise von denselben Leuten), dass wir uns zu wenig bewegen und dass es dieser Bewegungsmangel sei, der uns krank macht.

Leider kann man sich aber selbst beim sanften Joggen oder Walken unglücklich den Fuß vertreten, stolpern und stürzen. Das kann aber ja nicht bedeuten, dass wir wegen dieser Risiken nur noch zu Hause auf dem Sofa sitzen bleiben.

Enzyme bringen Sportverletzungen schnell zum Abklingen

Leistungssportler und ihre sportmedizinischen Betreuer wissen es schon lange und handeln auch danach: Enzyme nehmen Sportverletzungen einen Teil der Brisanz und lassen die im Leistungssport fast unvermeidlichen blauen Flecken, Prellungen, Verstauchungen schneller abheilen. Deshalb gehören die Enzymtabletten bereits seit Jahrzehnten zum Alltag etwa von Fußballprofis, Skisportlern, Radrennfahrern oder Boxern wie das Zähneputzen. Die Sportler verstoßen damit auch nicht gegen die Doping-Vorschriften, denn Enzyme sind ja völlig natürliche Proteine, die im Körper keine etwa aufputschenden oder anabolen Nebenwirkungen verursachen. Sie lassen sich zudem sehr gut mit Vitaminen und Mineralstoffen kombinieren.

Die Wirkung ist bewiesen

Ob Enzyme einen Bluterguss (Hämatom) schneller abbauen, wurde im Sportmedizinischen Institut in Grünwald bei München an 100 freiwilligen Versuchspersonen untersucht. Man entnahm ihnen zu diesem Zweck je 2 Kubikzentimeter Blut und spritzte es ihnen flach unter die Haut. Auf diese Weise entstand ein »künstliches« Hämatom. Nun gab man 50 der Probanden eine Woche lang täglich dreimal zehn Dragees des Enzymgemisches Wobenzym zum Einnehmen; die anderen 50 Teilnehmer an dem Versuch erhielten ein Scheinmedikament (Plazebo) gleichen Aussehens, welches aber gar keine Enzyme enthielt. Die »Patienten« wussten allerdings nicht, ob sie Enzyme oder Plazebos einnahmen. Nach einer Woche war bei den mit Wobenzym behandelten Probanden der Bluterguss wesentlich besser aufgelöst als bei den Plazebo-Probanden. Auch der Druckschmerz fiel bei ihnen deutlich geringer aus.

Eine andere Untersuchung wurde mit 20 Karatekämpfern beiderlei Geschlechts durchgeführt. Bei dieser etwas martialischen Sportart kommt es bekanntlich durch Schläge und Tritte

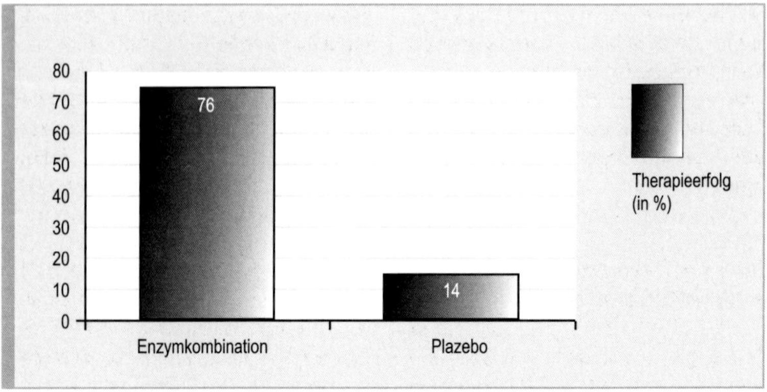

Der Therapieerfolg von Enzymkombinationen steht deutlich über dem von Plazebo

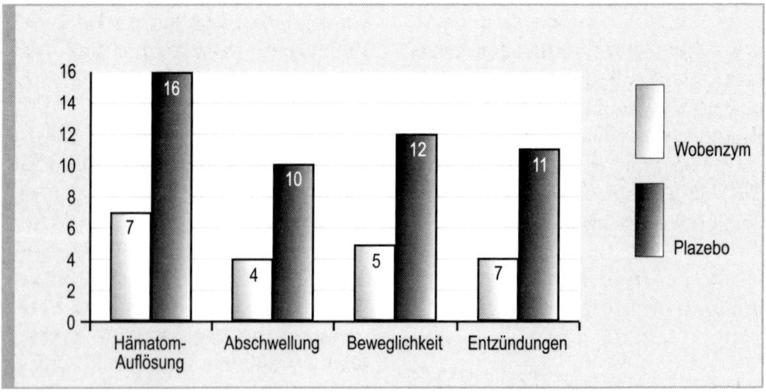

Tage bis zur Abheilung

besonders oft zu stumpfen Verletzungen. Zehn der Sportler nahmen vorsorglich vor den Kämpfen dreimal täglich fünf Dragees Wobenzym ein, die anderen erhielten nur die Plazebos. Auch hier erwies sich der Nutzen der Enzymtherapie als beeindruckend. Nahmen die Kämpfer tatsächlich Enzyme ein, waren ihre Blutergüsse bereits nach sieben Tagen verschwunden, während dies bei den anderen erst nach durchschnittlich 16 Tagen der Fall war. Die Schwellungen legten sich bei der ersten Gruppe bereits nach vier Tagen, bei der zweiten Gruppe erst nach zehn Tagen. Die Schmerzfreiheit und damit volle Beweglichkeit war entsprechend schneller wieder hergestellt. Kam es bei den Verletzungen auch noch zu Entzündungen, so dauerte es bei der Plazebo-Gruppe elf Tage, bis diese abgeheilt waren, bei der Enzym-Gruppe jedoch nur vier Tage.

Was tun bei einer stumpfen Verletzung?

Sie haben sich den Daumen gequetscht, sind mit dem Fahrrad gestürzt oder mit dem Fuß umgeknickt. Nun sind folgende Maßnahmen besonders wirksam:

1. Kühlen Sie die betroffene Stelle mit kalten Umschlägen oder Eispackungen. Dies lindert die Schmerzen und verhindert eine Ausbreitung des Blutergusses. Kalte Umschläge immer wieder erneuern, sobald sich das Tuch erwärmt, Eispackungen eine Minute auf der Haut belassen, dann nach drei Minuten Pause erneut auflegen. Geben Sie ein dünnes Tuch zwischen Eispackung und Verletzung, um Kälteschäden zu vermeiden.

2. Nehmen Sie sofort zehn bis 15 Enzymtabletten (Phlogenzym) bzw. 15–20 Tabletten (Wobenzym) unzerkaut mit reichlich Flüssigkeit (Wasser) ein und dann, über den Tag verteilt, zwischen den Mahlzeiten dreimal fünf (Phlogenzym) bzw. bis dreimal sieben (Wobenzym) Tabletten. Der Abstand zu den Mahlzeiten sollte etwa eine halbe bis dreiviertel Stunde betragen, so können die magensaftresistenten Dragees am besten an der Magensäure vorbei in den Darm gelangen.

Nehmen Sie die Enzyme so lange, bis die Verletzung abgeheilt ist. Bei Prellungen, Verstauchungen und Zerrungen dauert dies ein bis zwei Wochen.

Enzyme in der Haus- und Reiseapotheke

Gerade weil es bei Alltagsverletzungen darauf ankommt, das Enzympräparat möglichst schnell einzunehmen, sollten Sie in der Haus- oder Reiseapotheke Enzymdragees vorrätig haben. Lagern Sie diese trocken und bei Zimmertemperatur (nicht über 25 Grad). Die Tabletten sind ca. 24 Monate haltbar.

Die systemische Enzymtherapie bewirkt bei stumpfen Verletzungen, dass Schwellungen deutlich geringfügiger ausfallen, deshalb weniger schmerzen und schneller abheilen. Ein betroffenes Gelenk kann schneller wieder bewegt werden, Sportler können früher wieder das Training aufnehmen.

Muskelkater vorbeugen

Nach einer ungewohnten oder übermäßigen Anstrengung tritt Muskelkater auf – manchmal in derartig starker Ausprägung, dass der Betroffene förmlich kaum noch beweglich ist. Dies ist natürlich besonders störend, wenn Sie etwa ein verlängertes Wochenende in den Bergen wandern, Ski fahren oder eine Radtour machen. Wenn Sie bereits einige Tage vor solch einer erhöhten körperlichen Belastung Enzymdragees einnehmen und dies auch während der Wanderung oder Radtour beibehalten, haben Sie gute Chancen, dass der Muskelkater glimpflich ausfällt oder sogar völlig ausbleibt.

Denn Muskelkater ist nicht nur die Folge davon, dass sich in den Muskeln Milchsäure ablagert (Übersäuerung der Muskulatur). Vielmehr entstehen bei einer extremen Belastung mikroskopisch winzige Muskelfaserrisse. Sportler nehmen deshalb vor dem Training Enzyme ein. Zum einen helfen die Enzyme Schadstoffe, die durch die Mikroverletzungen freigesetzt wurden, schneller abzubauen, zum anderen heilen die Mikroverletzungen schneller ab bzw. treten erst gar nicht auf.

Enzyme bei offenen Wunden

Schürfwunden, Kratzer, Schnittverletzungen: Das Blutgerinnungssystem unseres Körpers (vgl. S. 70) wird normalerweise mit offenen Wunden, wenn sie nicht zu groß sind, selbst fertig. Die Selbstheilungskräfte unseres Körpers sind alltäglichen Verletzungen normalerweise gewachsen. Die zusätzliche Einnahme von Enzymen kann jedoch den Wundheilungsprozess beschleunigen und zudem auch bakteriellen Infektionen vorbeugen. Denn die systemische Enzymtherapie mobilisiert auch die körpereigenen Abwehrkräfte (hierzu mehr auf Seite 32).

Was tun bei Wunden?

Bei offenen Wunden sind die Haut und das darunter liegende Bindegewebe verletzt. Die Wunde blutet, es zeigen sich Rötung, Anschwellung des umliegenden Gewebes und Schmerzen. Im Bereich der Verletzung verliert die Haut ihre natürliche Schutzfunktion, deshalb können Bakterien in die Wunde eindringen und zu Komplikationen führen. Die Wundheilung geschieht, kurz rekapituliert, in mehreren Schritten, die von Enzymen katalysiert werden: Das Blut gerinnt und bildet eine erste Schutzschicht, Wundschorf oder auch Kruste genannt (Krusten niemals aufkratzen!). Nun wird das zerstörte Gewebe abtransportiert und allmählich durch neues ersetzt.

Sie können kleine, oberflächliche Wunden selbst behandeln. Bei größeren Verletzungen sollten Sie als erste Hilfe einen sterilen Verband anlegen und umgehend den Arzt aufsuchen.

Lassen Sie kleinere Wunden ausbluten, denn so können Krankheitserreger und Schmutz ausgeschwemmt werden.

Reinigen Sie verschmutzte Schürfwunden unter fließendem Wasser und betupfen Sie sie vorsichtig mit einer antiseptischen Tinktur (Jod). Verwenden Sie dabei sterile, nicht flusende Tücher. Es ist wichtig, dass Luft an die Wunde kommt, damit sie nicht nässt. Decken Sie Schürfwunden deshalb nur locker ab.

Schnittwunden heilen besser, wenn Sie die Wundränder mit einem

Pflaster oder Verband zusammenfügen und fixieren.

Als erste Hilfe bei kleinen Verletzungen können Sie etwas Speichel auf die Wunde geben. Dieser hat wegen der in ihm enthaltenen Enzyme eine leicht antibakterielle Wirkung.

Enzyme unterstützen die körpereigenen Reparaturmaßnahmen und kürzen den Heilungsprozess ab. Schlecht heilende Wunden können außerdem auch ein Hinweis auf einen Enzymmangel sein. Deshalb sollten Sie in diesem Fall grundsätzlich eine längerfristige systemische Enzymtherapie in Erwägung ziehen.

Enzyme bei Knochenbrüchen

Unsere Knochen sind absolut stabile »Bauwerke«, die Belastungen und Drücke von mehreren 100 Kilogramm aushalten. Manchmal wirken aber Kräfte so stark und ruckartig ein, dass ein Knochen bricht. Dies ist für den Körper ein Katastrophenfall, und man kann auch nicht behaupten, dass Enzyme Knochenbrüche (Frakturen) verhindern können. Aber sie können helfen, die vielen gravierenden Begleit- und Folgeerscheinungen zu lindern.

Knochenbrüche sind sehr schmerzhaft, wobei der Knochen selbst nicht mit Nerven durchzogen ist, jedoch die Knochenhaut dafür um so mehr. Im Gebiet des Bruches ist zudem durch die Gewalteinwirkung auch Gewebe verletzt, und es tritt letztlich eine heftige Entzündungsreaktion ein. Ist zum Beispiel ein Mittelfußknochen gebrochen, schwillt der ganze Fuß extrem an, wird heiß und schmerzt. Hier können Enzyme, systemisch eingenommen, die Entzündungsreaktion regulieren. Die Abschwellung wird beschleunigt, die Schmerzen gelindert. Bei größeren Brüchen ist zudem die Thrombosegefahr erhöht, wenn nämlich besonders viele Gewebetrümmer (Blutgerinnsel) entsorgt werden müssen. Enzyme beugen hier Thrombosen vor, weil sie die Fließeigenschaften des Blutes regulieren.

Jeder Knochenbruch gehört fraglos in ärztliche Behandlung! Informieren Sie Ihren Arzt darüber, dass Sie Enzyme einnehmen bzw. lassen Sie sich beraten, ab wann dies sinnvoll ist.

Enzyme bei Operationen

Eine Operation ist nichts anderes als eine absichtlich herbeigeführte Verletzung, die eine Wunde hinterlässt und damit auch Entzündungsmechanismen hervorruft. Auch hier ist eine Behandlung mit Enzymen sehr sinnvoll, wobei diese auf zweifache Weise helfen: Vor der Operation sorgen sie dafür, dass etwaige Schwellungen besser abklingen, sodass ein Eingriff schneller und komplikationsfreier erfolgen kann. Dies ist z. B. wichtig, wenn eine Fraktur operativ gerichtet werden muss oder ein problematischer Weisheitszahn eine »dicke Backe«, also eine Entzündung verursacht hat. Nach dem Eingriff sorgen Enzyme dafür, dass

- ein erneutes Anschwellen im Bereich der Operationswunde verhindert wird,
- die Wundheilung gefördert wird,
- Schmerzen deshalb gelindert werden und
- Medikamente wie etwa Antibiotika schneller an ihren Wirkort transportiert werden und deshalb auch niedriger dosiert werden können.

Enzyme haben sich deshalb auch in der plastischen und ästhetischen Chirurgie bewährt. Schwellungen, Entzündungen und auch die spätere Bildung von Ödemen sind hier gefürchtet, weil sie die Patienten entstellen können. An der Uni-Klinik in Prag verglich man die Operationsergebnisse von Patienten nach einer Operation an den Augenlidern – 20 Patienten waren vorbeugend mit Wobenzym behandelt, 20 andere erhielten ein chemisches Medikament, um Blutergüsse, Ödeme und Schmerzen zu minimieren. Hier erwiesen sich die Enzyme als genauso potent wie die schulmedizinische Medikation, waren aber besser verträglich und ohne unerwünschte Nebenwirkungen.

Nehmen Sie kurz vor und unmittelbar nach Operationen Enzympräparate aber nie eigenmächtig, sondern nur in Absprache mit dem behandelnden Arzt ein! Enzympräparate beeinflussen die Blutgerinnung, deshalb sollten sie nicht im unmittelbaren zeitlichen Zusammenhang mit dem Eingriff genommen werden. Allein der Arzt sollte entscheiden, wann und in welcher Dosierung Sie vor und nach dem Eingriff die Dragees einnehmen sollten.

Enzyme bei Erkrankungen der Gefäße

Krampfadern

Krampfadern (Varizen) sind die häufigste Form von Venenerkrankungen. Die bläulich unter der Haut hervorschimmernden, oft auch knotig verdickten Beinvenen sind nicht nur ein kosmetisches Problem. Die geschädigten Venen können sich entzünden, hier kann es zu lebensgefährlichen Komplikationen kommen, nämlich wenn Blutgerinnsel eine Vene verstopfen (Thrombose).

Was sind Venen?

Unser Blutkreislauf besteht aus zwei Systemen: der arterielle Kreislauf versorgt über die Arterien den Körper mit (hellerem) sauerstoffreichem Blut. Er wird vom Herz wie von einer großen Pumpe angetrieben. In den Zellen wird – vereinfacht ausgedrückt – der Sauerstoff aufgenommen, das Blut nimmt Kohlenstoff auf und muss über den venösen Kreislauf zum Herzen zurückfließen. Hier tritt nun folgendes Problem auf: Insbesondere aus den Beinen ist der Weg zum Herzen sehr weit, außerdem muss das Blut auf einer fast senkrechten Gefällstrecke gegen die Schwerkraft einen Höhenunterschied von über einem Meter überwinden. Wie schafft der Körper es, dass das Blut aufwärts fließt?

Die Natur löst dieses Problem auf zweifache Weise: Durch ein System von Klappen und durch Druck, der durch Muskeln entsteht.

In den großen Rückflussvenen der Beine ist in regelmäßigen Abständen eine Art von Ventilen eingebaut (die Venenklappen), die dafür sorgen, dass das Blut nur nach oben fließen kann. Den dafür nötigen Druck liefert die Muskulatur der Beine. Bei Bewegung verdicken sich die Muskeln, drücken über das Bindegewebe auf die Venen, pressen diese zusammen und geben dem Blut dadurch den nötigen Vortrieb, quasi von Klappe zu Klappe nach oben gepresst zu werden. Diesen Mechanismus bezeichnet man als »Muskelpumpe«.

Bewegungsmangel ist damit einer der größten Risikofaktoren für die Entstehung von Krampfadern und Venenleiden. Je größer zudem die Dehnbarkeit der Venen ist (angeborene Bindegewebsschwäche, hormonelle Umstellungen in der Schwangerschaft), je mehr Übergewicht (vermehrter Anteil nachgiebigen

Die wichtigen Muskelpumpen der Beine, die beim Laufen/-Joggen/Walken arbeiten:

- Zehenpumpe
- Fußsohlenpumpe
- Sprunggelenkspumpe
- Wadenmuskelpumpe
- Kniegelenkspumpe
- Oberschenkelmuskelpumpe
- Saugpumpe unter dem Leistenband

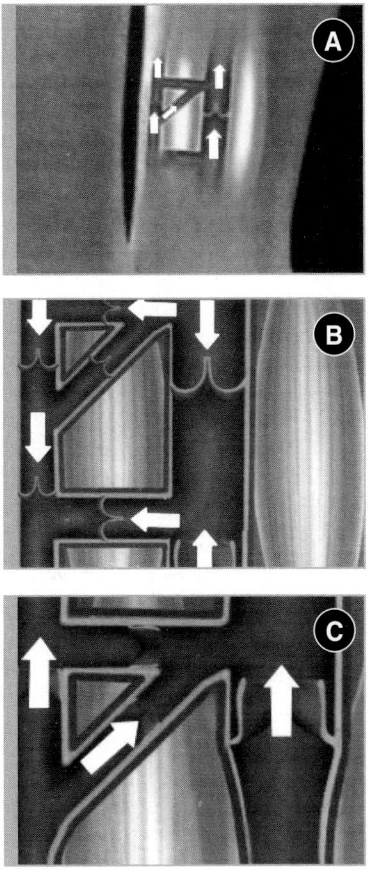

Vene mit Klappen

A: Das tiefe und das oberflächliche Venensystem sorgen für den Rücktransport des Blutes zum Herzen.
B: Die Muskulatur ist entspannt und es herrscht nur geringer Druck im Venensystem. Alle Klappen sind geschlossen, um den Rückstrom des Blutes in das Bein zu verhindern. Nur unten rechts ist noch eine Klappe geöffnet. Durch sie strömt Blut nach oben, das von der weiter unten liegenden Muskulatur nach oben gepresst wird.
C: Die Muskulatur um die Gefäße kontrahiert sich. Der Druck in den Venen steigt an. Das Blut kann durch die geschlossenen Klappen nicht zurück, sondern muss nach oben (herzwärts) strömen.

Frühzeichen Besenreiser

Besenreiser und geschwollene Füße nach längerem Stehen und Sitzen sind meist die ersten Anzeichen einer beginnenden Venenschwäche.

Besenreiser sind kleine, dicht unter der Haut verlaufende Venen, die erweitert sind. Sie sind meist pinselförmig oder birkenreiserartig angeordnet. Ihre Farbe kann von hellrot bis dunkelblau reichen. Sie treten besonders häufig an den Oberschenkeln und im Bereich des Fußknöchels auf. Besenreiser an sich stellen keine Gefahr dar, können aber auf eine Schwäche der größeren und tiefer liegenden Beinvenen hinweisen.

Fettgewebes) vorliegt, um so mehr wird das Venensystem belastet, um so weniger wirkungsvoll kann das Blut zurückgepumpt werden.

Nun passiert folgendes: das Blut versackt förmlich in den Venen. Die Klappen schließen sich nicht mehr richtig, zudem bleibt Blut in den Klappen hängen, die Venen erweitern sich zu Krampfadern, geben dem Druck des Blutes allmählich nach und werden durchlässig. Flüssigkeit tritt aus den Gefäßen in das Gewebe über, die Beine werden dick, fühlen sich schwer an und schmerzen.

Wenn die Erkrankung fortschreitet entsteht die Gefahr, dass sich in den erweiterten Venen und an den ausgeleierten Klappen Blut staut, das sich so langsam bewegt, dass Blutgerinnsel (Thromben) entstehen. Solche Thromben können die Gefäße teilweise oder ganz verstopfen. Es entsteht eine Entzündung der Vene, die auch auf das Gewebe übergreift und oft auch nach außen tritt: Die Haut schuppt, juckt, es bilden sich Ekzeme und schließlich auch offene Geschwüre (Ulcus cruris), die sehr schwer abheilen. Lebensgefährlich wird es, wenn sich ein Thrombus aus der Krampfader ablöst und herzwärts zu wandern beginnt. Er kann dann z. B. viel weiter oben in der Lunge steckenbleiben und eine Lungenembolie auslösen.

Wie Enzyme bei der Behandlung von Venenleiden helfen

Eine systemische Enzymtherapie beugt Venenerkrankungen vor und lindert akute Beschwerden.

- Enzyme unterstützen die Ausschwemmung von Ödemen. Die Beine schwellen nicht so stark an, die Venen werden entlastet, die Schmerzen werden wirksam bekämpft.
- Enzyme verbessern die Fließfähigkeit des Blutes und verringern die Gefahr von Blutgerinnseln, indem sie die Blutgerinnung regulieren. Und mehr noch: Enzyme können Blutgerinnsel auflösen und damit die Thrombosegefahr senken.
- Enzyme und insbesondere auch das in Kombinationspräparaten enthaltene Rutosid dichten Ge-

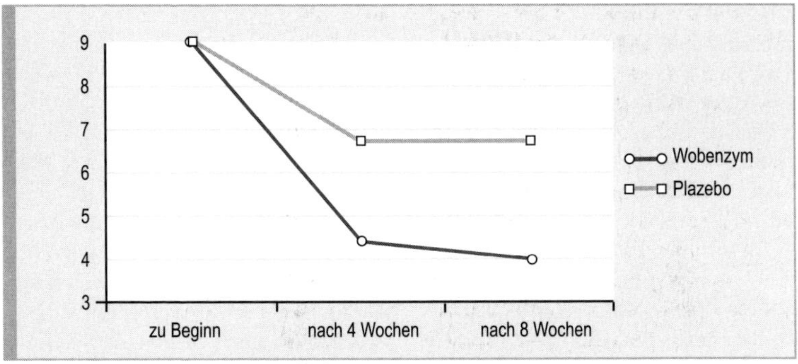

Stärke der postthrombotischen Beschwerden im Verlauf der Therapie

fäßwände ab und kräftigen sie. Dies beugt dem »Ausleiern« der Venenwände vor.

- Durch die Regulierung des Entzündungsgeschehens hilft die Einnahme von Enzymen, dass entzündete Venen und Beingeschwüre besser abheilen.

Die Wirkung der systemischen Enzymtherapie bei Venenerkrankungen konnte auch in verschiedenen wissenschaftlichen Untersuchungen belegt werden. Eine Studie wurde z. B. mit 60 Patientinnen und Patienten durchgeführt, die an einem »postthrombotischen Syndrom« litten. Bei ihnen waren nach einer Beinvenenthrombose als Folge die Venenklappen beschädigt oder zerstört – ein Beschwerdebild, das sehr häufig ist und von dem in Deutschland mindestens eine Million Menschen betroffen sind. Die chronischen Beschwerden bestehen in der Ödembildung, Wadenkrämpfen und Bewegungseinschränkungen der Gelenke. 30 der Patienten wurden mit Wobenzym, die anderen 30 mit einem Plazebo (ein äußerlich identisch aussehendes Dragee ohne Wirkstoffe) acht Wochen lang behandelt.*

Wie aus der Abbildung ersichtlich, verbesserten sich die Beschwerden in der mit Enzymen behandelten Patientengruppe wesentlich mehr zum Positiven als in der Plazebogruppe. Dass auch diese Patienten von der Behandlung profitierten, ist auf die begleitenden Maßnahmen zurückzuführen, die allen Patienten zuteil wurden, wie Krankengymnastik und das Tragen von Kompressionsstrümpfen.

* Klimm H-D (1996) Behandlung des postthrombotischen Syndroms mit proteolytischen Enzymen. In: Wrba H et al (Hrsg) Systemische Enzymtherapie. Aktueller Stand und Fortschritte. München 1996

Alarmstufe Rot: Thrombose, Embolie, Infarkt

Blutgerinnsel (Thromben) entstehen natürlich nicht nur in Krampfadern. Immer wenn Venen oder Arterien verletzt werden, entweder »gewollt« durch Operationen, oder auch durch Unfälle und Entzündungen, kann dies zur Folge haben, dass der Blutfluss in einem bestimmten Abschnitt verlangsamt ist. Das Blut »steht« (Hämostase), Gerinnsel können sich bilden. Dies ist besonders gefährlich, wenn sie in den großen, innen liegenden Venen entstehen und zum Herzen, in das Gehirn oder in die Lunge wandern.

Der Thrombus kann ein Gefäß verschließen, damit wird das umliegende Gewebe von der Sauerstoffversorgung abgeschnitten und stirbt ab. Je nach Ort des dramatischen Geschehens kommt es zu einer Lungenembolie, einem Herzinfarkt oder Schlaganfall.

Beim Herzinfarkt tritt noch ein anderer Faktor hinzu: die Arteriosklerose. Hier bilden sich an den Innenwänden der Herzkranzgefäße Ablagerungen aus Cholesterin, Kalzium und Fibrin (Plaques). Es entstehen kleine Entzündungen, in deren Folge weitere Ablagerungen, die den Durchmesser der Gefäße verringern. Die Versorgung des Herzmuskels mit Sauerstoff und Nährstoffen wird schlechter, es entsteht eine Leistungsschwäche des Herzens. Zum Infarkt kommt es – wegen des verringerten Durchmessers – bereits durch relativ kleine Gerinnsel.

Bei einer Lungenembolie, einem Herzinfarkt oder Schlaganfall ist natürlich keine Zeit mehr vorhanden, um abzuwarten, bis oral eingenommene Enzyme an den Ort des Geschehens gelangen. Oft musste früher ein großer Thrombus durch eine Operation entfernt werden. Aber selbst das dauerte seine Zeit. Die derzeit schnellsten Helfer in dieser Notsituation sind wiederum proteolytische Enzyme, die mit einer Injektion oder Infusion direkt in den Blutkreislauf gebracht werden. Diese Art der enzymatischen Thrombusauflösung bezeichnet man als »Thrombolyse«. Es handelt sich hier um besondere Enzyme wie Urokinase, Streptokinase und den »Human Plasminogen Activator«. Urokinase wird in der Niere gebildet und mit dem Harn ausgeschieden. Man stellt sie heute gentechnisch her. Die Streptokinase wird von Bakterien (Streptokokken) produziert; der »Human Plasminogen Activator« wird aus gentechnisch veränderten Zellen gewonnen.

Die Thrombolyse wirkt sehr schnell und ist oftmals lebensrettend. Beim Herzinfarkt wird sie deshalb bereits vom Notarzt eingesetzt. Seit sich diese Praxis durchgesetzt hat, ist die Sterblichkeit an einem akuten Herzinfarkt deutlich zurückgegangen.

Arterielle Verschlusskrankheit und Raucherbein

Nicht nur im Bereich des Herzens, sondern an allen Arterien können sich arteriosklerotische Ablagerungen bilden und die Durchblutung stören. Die arterielle Verschlusskrankheit (AVK) tritt vor allem in den Beinen auf und äußert sich in Schmerzen, einer blassen Hautfarbe, Kältegefühl und Empfindungsstörungen. Das Gewebe wird immer schlechter mit Sauerstoff versorgt und stirbt u. U. ab.

Ein typisches Beispiel ist das Raucherbein. Hier kommt erschwerend zu vielleicht schon ohnehin vorliegenden Plaques hinzu, dass das Nikotin, welches ein höchst aggressives Gefäßgift ist, die Arterien verengt.

Vorbeugen ist besser als Heilen

Gesunde Gefäße hängen sehr stark von der Lebensweise ab: Bewegungsmangel, Übergewicht, zu cholesterinreiche, ansonsten aber einseitige (Mangel-) Ernährung, Rauchen, Alkoholmissbrauch schädigen über die Jahre hinweg die Gefäße. Dies wirkt sich um so gravierender aus, wenn bereits eine erbliche Disposition zu Gefäßerkrankungen besteht. Leiden enge Verwandte von Ihnen (Eltern, Großeltern, Geschwister) an Krampfadern oder Arteriosklerose, ist gar bei diesen ein Infarkt aufgetreten, so ist Ihr Risiko dafür ebenfalls erhöht. Dies ist aber kein unabwendbares Schicksal – es bedeutet nur, dass Sie besonders auf Ihre Gefäße achten müssen.

Hier kann auch eine vorbeugende Enzymkur viel Gutes bewirken. Nicht wenige Menschen nehmen bewusst zwei- bis dreimal im Jahr, vor allem im Frühjahr und im Herbst, wenn zudem das Erkältungsrisiko am größten ist, über einen Zeitraum von jeweils sechs Wochen Enzym-Kombinationen ein.

Erkrankungen der Atemwege

Husten, Schnupfen, Heiserkeit – und dies mit schöner Regelmäßigkeit ein oder mehrere Male im Jahr. Hinter diesen Infektionen der Atemwege steht meist ein grippaler Infekt, der durch so genannte Erkältungsviren verursacht wird. Die lästigen, aber meist harmlosen Beschwerden klingen im Allgemeinen im Laufe von ein bis zwei Wochen ab. Nicht zu verwechseln sind die »Erkältungskrankheiten« mit der echten Grippe, die

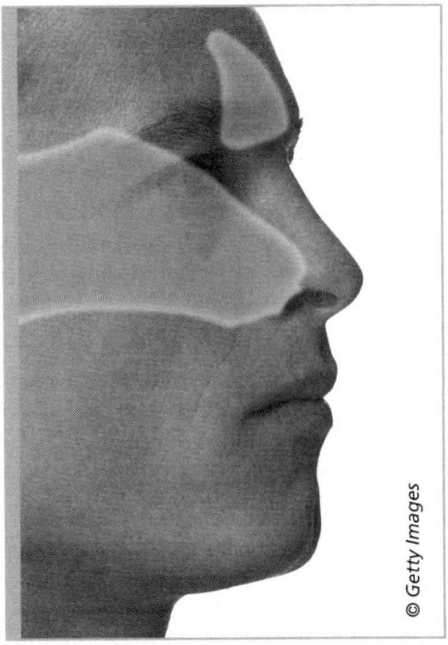

Entzündungen der oberen Atemwege mit Enzymen behandeln

eine schwere Viruserkrankung ist und epidemieartig ausbrechen kann.

Aber auch die harmlose Erkältung kann gravierender werden, wenn das Immunsystem geschwächt ist und über die entzündeten, geschwollenen Schleimhäute Bakterien einwandern, die in den Bronchien, Stirnhöhlen, Nasennebenhöhlen, Mandeln oder Ohren Infektionen auslösen.

Eine andere Gefahr besteht darin, dass der Infekt verschleppt wird, d. h. nicht vollständig ausheilt und nun – in Form einer chronischen Bronchitis oder Sinusitis immer wieder aufflackert. Deshalb sollte jede »banale« Erkältung ernst genommen und auskuriert werden. Eine Therapie mit Enzymen beugt solchen Komplikationen vor und hilft, dass die unangenehmen Erkältungsbeschwerden schneller abklingen.

Die Atemwege sind mit Schleimhäuten ausgekleidet, die wie eine Barriere den Körper vor eindringenden Krankheitserregern und auch Schadstoffen (Staubpartikel, Pollen, Rauch) schützen. Kommt es zu einer Infektion, schwellen die Schleimhäute an und produzieren mehr Sekret. In diesem sind die Krankheitserreger und schädigenden Partikel gelöst und werden nun durch Husten und/oder Schnupfen nach außen befördert.

Was auf den Schleimhäuten stattfindet, ist eine typische Entzündungsreaktion. Das infizierte Gebiet wird stärker durchblutet, rötet sich, schwillt an und schmerzt.

Das beste, was der Patient tun kann, ist, diese Entzündungsreaktion zu unterstützen, damit die lästigen Eindringlinge möglichst schnell den Körper verlassen.

Proteolytische Enzyme werden seit über 50 Jahren bei der Behandlung von Atemwegserkrankungen eingesetzt. Ihr Erfolg ist zweifelsfrei bestätigt. Das Wirkspektrum der Enzymtherapie passt genau zu den Hauptbeschwerden von Hals-Nasen-Ohren-Erkrankungen:

- Sie lösen festsitzendes Sekret in den Atemwegen, sodass es schneller abgehustet bzw. als Schnupfen ausgestoßen werden kann.
- Die Schleimhäute können dann schneller wieder abschwellen und abheilen.

Achtung Bakterien

Sind die Schleimhäute der Atemwege geschädigt, können Bakterien einwandern und eine gravierendere Entzündungsreaktion auslösen. Nun bricht hohes Fieber aus, das abgesonderte Sekret wird eitrig gelb oder grünlich. Eine ärztliche Behandlung ist vonnöten, u. U. wird der Arzt Antibiotika verordnen – dies hängt davon ab, wie er den Gesamtzustand des Patienten einschätzt. Verfügt dieser über ein gesundes Immunsystem, so kann er – bei entsprechender Schonung durch Bettruhe usw. – auch eine bakterielle Infektion aus eigenen Kräften abwehren.

Enzyme können die Wirksamkeit von Antibiotika verstärken.

- Bakteriellen Infektionen wird auf diese Weise vorgebeugt.
- Auch eine Chronifizierung mit häufigen Rückfällen wird verhindert, weil die Infektion vollständig ausheilen kann.

Enzyme – Allheilmittel bei jeder Entzündung?

Aufgrund ihrer Wirkweise, nämlich der Regulation des Entzündungsvorgangs – unterstützen proteolytische Enzyme den Heilungsprozess bei allen entzündlichen Erkrankungen. Sie scheinen hiermit eine Art »Allheilmittel« zu sein – eine Vokabel, die nicht nur bei Fachleuten einen eher negativen Beigeschmack hat.

Deshalb wollen wir abschließend zu diesem Kapitel noch einmal betonen, dass eine Enzymtherapie eingebettet sein sollte in eine ganzheitlich gesundheitsorientierte Lebensweise. Diese besteht, ganz einfach gesagt (Wahrheiten sind immer einfach), in

- ausreichender Bewegung,
- ausgewogener Ernährung und
- Vorsicht mit Rauchen und Alkohol.

So schädigt ein Raucher mit jedem Zug an der Zigarette (wie auch Zigarre oder Pfeife) seine Atemwege und seine Gefäße. Er belastet seinen Körper mit über 2000 verschiedenen kanzerogenen (= krebsauslösenden) Chemikalien. Dem Körper werden so viele Schäden zugefügt, dass auch das beste Reparatursystem damit nicht mehr zurechtkommen kann.

Das Einnehmen von Enzymtabletten (wie auch von Vitaminen, Mineralstoffen) kann deshalb kein Alibi dafür sein, ungesunde Lebensweisen beizubehalten.

Das Immunsystem: Schutz vor inneren und äußeren Feinden

Alle lebenden Organismen, so auch wir Menschen, stehen in einem aktiven Austausch mit der Umwelt: Wir atmen, um Sauerstoff aufzunehmen und Kohlendioxid abzugeben, wir essen und trinken. Die Öffnung nach außen geschieht aber nicht nur durch die großen Körperöffnungen wie Atemwege und Verdauungs- und Ausscheidungsorgane. Jede Zelle in unserer Körperoberfläche ist nach außen offen. Tatsächlich würden wir ersticken, wenn unsere Haut vollständig versiegelt würde.

Der Austausch mit der Umwelt, ohne den Leben nicht möglich wäre, stellt aber auch eine große Gefahrenquelle dar. Denn die Umwelt ist auch voller Feinde, die den Körper bedrohen und schädigen können: Krankheitserreger (Viren, Bakterien, Pilze), Gift- und Schadstoffe. Wie jeder andere Organismus stellt unser Körper eine Ansammlung von energiereichen organischen Verbindungen dar, der sich gegen die Versuche anderer Organismen, ihn als »Futter« zu verwenden, wehren muss. Hinzu kommt, dass unser Körper auch selbst »Feinde« produziert, nämlich z. B. wenn sich Zellen unkontrolliert teilen, sich dabei fehlentwickeln und zu Krebszellen entarten.

Um zu verhindern, dass Schädiger von außen in den Körper eindringen, und um eingedrungene Feinde und entartete Zellen unschädlich zu machen, bevor sie sich vermehren, verfügen lebendige Organismen über ein ausgeklügeltes Schutz- und Abwehrsystem. Dieses nennt man auch das Immunsystem – es ist so kompliziert aufgebaut, dass sich eine ganze Wissenschaft (die Immunologie) nur mit ihm beschäftigt. Enzyme spielen eine ganz entscheidende Rolle dafür, dass das Immunsystem funktioniert.

Das Immunsystem oder die »Abwehr« unseres Körpers besteht aus einer Vielzahl ganz unterschiedlicher Moleküle, Zellen und Organe. Nimmt man alle am Immunsystem beteiligten Systeme zusammen, so machen sie ungefähr 20 % der Körpermasse aus. Damit ist das Immunsystem das größte »Organ« unseres Körpers!

Fremd von nicht-fremd unterscheiden

Man kann das Immunsystem mit einer riesigen Armee vergleichen, die mit vielen verschiedenen Truppenteilen und Waffen ausgerüstet ist. Diese Armee ist immer aktionsbereit und schafft es, binnen Sekunden voll kampfbereit zu sein. Fortwährend patrouillieren Millionen von spezialisierten Zellen durch den Körper und kontrollieren, ob Proteine, die ihnen begegnen, Freund oder Feind sind. Wird ein »Feind« erkannt, mobilisieren sie spezielle Abwehrtruppen, die ihn vernichten. Sowohl die Mobilisierung der Truppen als auch die Vernichtung an sich erfolgen über Enzyme. Ist die Abwehrschlacht* siegreich beendet, stoppen wiederum Enzyme die Immunreaktion, bevor sie auf gesundes Gewebe übergreift.

Das wichtigste Problem des Immunsystems besteht darin, Fremdes und damit potenziell Gefährliches** von körpereigenen Zellen und Molekülen zu unterscheiden. Allerdings können dem Immunsystem dabei auch Fehler unterlaufen. Dies ist verständlich, wenn man sich vergegenwärtigt, dass alle Lebensformen auf den gleichen Ursprung zurückgehen, und Bakterien, Viren oder Parasiten aus prinzipiell denselben Molekülarten wie der menschliche Organismus bestehen – hier insbesondere bestimmten Aminosäurenketten, nämlich den Proteinen.

So kommt es vor, dass es eigentlich harmlose Substanzen wie etwa eingeatmete Pollen als hochgefährlich einstuft und alle Abwehrmaßnahmen mobilisiert – dies ist bei einer Allergie der Fall. Oder das Immunsystem hält körpereigenes Gewebe für fremd und greift es an – dies ist bei so genannten Autoimmunkrankheiten der Fall, zu denen auch Formen des Rheuma zählen.

Bakterien, Viren, Immunkomplexe: Die Gegner werden vorgestellt

Dringt ein Holz- oder Glassplitter in den Daumen ein, so braucht unser immunologisches Überwachungssystem nicht lange zu »überlegen«, um zu erkennen, dass der Splitter nicht zum Körper gehört (denn Holz und Glas – wie auch die große Anzahl diverser Schadstoffe – gehören nicht zu unseren Baustoffen) und also entfernt werden muss.

Schwieriger ist das, wenn Bakterien, Viren, Pilzsporen oder Parasiten eindringen, die ebenso wie unser Körper aus Aminosäuren, Fetten und Zuckermolekülen aufgebaut sind. Was verrät dem Immunsystem, dass die Eindringlinge nichts in uns zu suchen haben?

Hier hat die Natur ein geniales Erkennungssystem geschaffen: Zellen besitzen auf der Oberfläche ihrer Zellwände eine Art Ärmchen oder Ästchen, die durch Moleküle gebildet werden.

* Das Vokabular, mit dem wir das Immunsystem beschreiben, ist leider sehr kriegerisch. Aber die Bilder von Angriff und Verteidigung passen einfach am besten, um das Geschehen plastisch zu schildern. Und es handelt sich immer um Verteidigungsaktionen, die das Immunsystem führt – damit ist es »moralisch« auf der sicheren Seite.

** Das Immunsystem unterscheidet nur zwischen »fremd = unbekannt« und »nicht-fremd = bekannt «. Die Bewertung, ob das Unbekannte gefährlich oder ungefährlich ist, kann es nicht sicher treffen.

B-Lymphozyten produzieren Antikörper (Y)

Diese Moleküle bezeichnet man als Antigene. Sie kleben auf jeder Zelle sozusagen wie ein Etikett oder Strichcode und sagen dem Immunsystem, um was es sich handelt. Jeder Zelltyp hat seinen eigenen, unverwechselbaren Strichcode aus Antigenen. Die Zellen, die sich nun in unserem Körper entwickeln, also von der Befruchtung über die ersten Zellteilungen begonnen, sind dem Immunsystem bestens vertraut, teilten sie doch gemeinsam bereits die Kinderstube. Ihre Antigen-Formation teilt mit: »Bindegewebszelle« oder »Blutkörperchen« oder »Knorpelzelle«. Immunantwort darauf jeweils: »Bekannt, kann passieren, bleibt unbehelligt.«

Nun tauchen Zellen im Körper auf, die sehr ungewöhnliche Antigene mit sich tragen, seltsame Zacken, Knubbel oder Verknäuelungen, wie sie das Immunsystem noch nie »gesehen« hat. Bakterien oder Viren zum Beispiel. Nun schlägt ein Alarm an: Achtung! Fremdzellen eingedrungen im Bereich der Bronchien! Vernichten!!

Handelt es sich bei den Eindringlingen um Bakterien oder Viren, setzt sofort ein rasanter Wettlauf ein. Bakterien und Viren versuchen, dem Killerkommando des Abwehrsystems dadurch zu entkommen, in dem sie sich mit einer unvorstellbar hohen Zellteilungsrate vermehren. So entstehen in einer Sekunde aus einem Bakterium Tausende von Artgenossen.

Steckbrief Bakterien und Viren

Bakterien und Viren sind die kleinsten und am weitesten verbreiteten Lebensformen, die auch unter extremen Umweltbedingungen überleben können. Man findet sie in fast kochend heißen, schwefeligen Vulkanen wie auch im ewigen Eis von Arktis und Antarktis. Manche Biologen sagen, dass sie – von ihrer Anzahl und Vielfalt her – die eigentlichen Herrscher auf der Welt und Gewinner der Evolution sind.

Bakterien

Ein Bakterium ist ein vollständiges kleines Lebewesen. Es hat einen eigenen Stoffwechsel und kann sich aus eigener Kraft durch Zellteilung vermehren. Nicht alle Bakterien sind schädlich: Auf der Haut und v. a. etwa im Darm siedeln viele nützliche Bakterienarten, die für die Verdauung, die Verarbeitung von Vitaminen und sogar auch den Schutz vor anderen Bakterien wichtig sind (Darmflora). Sie sind nützliche Untermieter, die mit dem Körper zusammenarbeiten. Unser Immunsystem lässt sie in Ruhe, weil es sie wie gute alte Bekannte seit jeher kennt und als zum Körper dazugehörig einstuft. (Antibiotika hingegen, dies sei an dieser Stelle eingefügt, vernichten jedes Bakterium, egal ob Freund oder Feind, also auch die auf der Darmflora siedelnden nützlichen Mitbewohner. Dies hat dann z. B. Vitaminmangel und Verdauungsbeschwerden zur Folge.)

Feindliche, fremde Bakterien schädigen den Organismus v.a. durch giftige Stoffe, die sie ausscheiden oder die bei ihrem Zerfall frei werden.

Viren

Man kennt heute zirka 400 Viren, die beim Menschen Erkrankungen auslösen können. Immer wieder tauchen auch neue Viren auf, die etwa die Grenze der Arten zwischen Mensch und Tier überspringen. So war das bei dem HI-Virus (AIDS); das jüngste, aber sicherlich nicht letzte Beispiel sind die so genannten Coronaviren, die die Lungenkrankheit SARS auslösen. Viren bestehen lediglich aus einer Eiweißhülle (auf der typische Antigene sitzen), in der sich die Erbinformation (DNS, RNS) befindet. Ein Virus hat jedoch keinen eigenen Stoffwechsel und kann sich nur dadurch vermehren, indem es komplettere Zellen von »Wirten« (von Menschen, Tieren oder Pflanzen) dazu bringt, sich in seine Dienste zu stellen. Viren nisten sich also in Wirtszellen ein und ersetzen deren Erbinformation durch ihre eigene. Die von den Viren befallenen und »umgedrehten« Zellen produzieren nun nach kurzer Zeit Tausende von neuen Viren und gehen selbst dabei zu Grunde. Die Krankheitssymptome entstehen vor allem dadurch, dass das Virus die Wirtszellen schädigt oder zerstört. So befällt das HI-Virus die Immunzellen, was letztlich dazu führt, dass der erkrankte Mensch an Infektionen leidet und stirbt, die man bei Menschen mit einem gesunden Immunsystem in der Form gar nicht kennt. AIDS-Kranke erleiden auch Krebserkrankungen, die bei immungesunden Menschen eher selten und wenn, dann wesentlich weniger aggressiv auftreten. (Dies ist auch ein wichtiger Hinweis darauf, dass Krebs sehr viel mit dem Immunsystem zu tun hat.)

Steckbrief: Beschädigte oder »entartete« Zellen

Sind Zellen von Viren befallen, verändern sich die Antigene auf ihrer Zelloberfläche, wodurch sie für die Abwehrtruppen als »fremd« zu erkennen sind. Das Gleiche passiert auch mit Zellen, bei deren Produktion Fehler aufgetreten sind. Solche Produktionsfehler sind nicht selten.

Wir haben ja im 1. Kapitel beschrieben, dass sich der Körper laufend erneuert und jeden Tag Milliarden von Zellen neu gebildet werden, während »verbrauchte« entsorgt werden. Bei der Neuproduktion entsteht auch jede Menge »Ausschussware«, bei der dann etwas mit den Antigenen nicht stimmt – also weg damit. Auch Krebszellen verraten sich in der Regel durch veränderte Antigene, sodass ein gesundes Immunsystem Krebszellen erwischt und ihnen den Garaus macht.

Rücksichtslose Vermehrung

Krebszellen sind Zellen, bei denen der Zellteilungsmechanismus schadhaft ist. Sie teilen sich viel schneller als normal, das Gewebe beginnt zu wuchern und verdrängt gesundes Gewebe. Gleichzeitig sind die zu Krebszellen entarteten Zellen nicht mehr in der Lage, ihre ursprünglichen Aufgaben (etwa bei der Entgiftung oder Sauerstoffversorgung) zu erfüllen, denn ihr ganzes Sinnen und Trachten ist nur noch auf Vermehrung gepolt. Hierfür benötigen sie erheblich mehr Sauerstoff und Nährstoffe als gesunde Zellen – sie rauben diese bei ihren Nachbarn, wodurch diese zusätzlich geschädigt werden.

Steckbrief: Immunkomplexe

Eine besondere Form von unerwünschten Gebilden, die das Immunsystem im wahrsten Sinne des Wortes klein kriegen muss, stellen die so genannten Immunkomplexe dar. Es handelt sich hierbei um Ansammlungen von miteinander verhafteten Eiweißbruchstücken, die quasi durch Antigen-Antikörper-Verbindungen in Ketten gelegt werden, bevor sie von den Fresszellen vertilgt werden. Immunkomplexe sind zwar keine lebenden Zellen oder Erreger, sie seien aber an dieser Stelle trotzdem erwähnt, um die Liste der wichtigsten krankmachenden Gegner, mit denen es die körpereigenen Abwehrtruppen zu tun haben, vollständig zu machen.

Immunkomplexe sind sozusagen die Trümmer, die auf dem Abwehrschlachtfeld übrig bleiben und nun, nach gewonnenem Kampf, weggeräumt werden müssen. Sie können eine – für Zellverhältnisse – beträchtliche Größe erreichen. Es handelt sich um eine Mischung aus Teilen von zerstörten feindlichen Zellen, zerstörtem eigenen Gewebe wie auch Teilen der Waffen des Immunsystems, die in den feindlichen Trümmern stecken, insbesondere von Antikörpern, mit deren Hilfe die Trümmer zusammengehalten werden. Werden diese Immunkomplexe nicht vollständig weggeräumt, können sie ihrerseits wieder eine entzündliche Reaktion hervorrufen.

Nobody is perfect

Würde unser Immunsystem immer perfekt funktionieren, würden jede Infektion und auch die meisten anderen Erkrankungen im Keime erstickt. Jedoch kann sich das Immunsystem irren:

- Feinde werden, etwa weil sie sich geschickt tarnen, nicht als Fremde erkannt und können sich nun ungehindert vermehren. Krebszellen z. B. können äußert raffinierte Gegner sein, die sich z. B. mit einer Fibrinhülle umgeben, sodass unser Immunsystem Probleme hat, sie zu erkennen (Enzyme sind in der Lage, diese Hüllen aufzulösen und damit die Krebszellen zu enttarnen; siehe Seite 105). Von den Grippeviren wissen wir, dass sie sich immer wieder verändern, sodass unser Immunsystem beim Kampf gegen sie immer wieder von vorne anfangen muss und sich nicht auf sein Gedächtnis verlassen kann.
- Ungefährliche fremde Substanzen – wie harmloser Pollen – werden irrtümlich als »gefährlich« eingestuft und bekämpft. Da Pollen immer wieder in die Atemwege gerät, fällt die Immunreaktion immer heftiger aus. Auf diese Weise entstehen vor allem Allergien.
- Im Verlauf der Immunreaktionen bildet sich eine besondere Form von Zwischenprodukten, die Immunkomplexe (s.o.). Es handelt sich um zusammengekettete Fremdzellen oder -moleküle, die aufgelöst werden müssen. Manchmal bleiben solche Immunkomplexe nach einer Entzündung übrig und regen neue Entzündungen an. Auf diese Weise entstehen vor allem Autoimmunkrankheiten (siehe Seite 93).
- Das Immunsystem ist geschwächt. Es hat z. B. bereits mit einer (chronischen) Infektion zu kämpfen und hält der Invasion neuer Feinde nicht stand. Oft fehlen Enzyme, wenn das Immunsystem zu schwach ist. Abwehrkräftemangel kann darüber hinaus viele Ursachen haben: Genuss- und Umweltgifte, Stress, Vitamin- und Mineralstoffmangel (damit Mangel an Co-Enzymen). Bei sehr jungen Menschen ist zudem das Immunsystem noch nicht voll entwickelt, bei älteren Menschen lässt die Aktivität des Immunsystems deutlich nach.

Das Abwehrarsenal: Zellen, Botenstoffe, Flüssigkeiten

Das Immunsystem besteht aus verschiedenen Untersystemen:

- Barrieren auf Haut und Schleimhäuten
- In der Körperflüssigkeit vorhandene Moleküle (»humorale« Anteile; von lateinisch humor = Flüssigkeit):
  - Komplementsystem
  - Botenstoffe (Zytokine, Chemokine)
  - Antikörper
- Zellen
  - Fresszellen (Makrophagen, Granulozyten)
  - Natürliche Killerzellen
  - T-Zellen

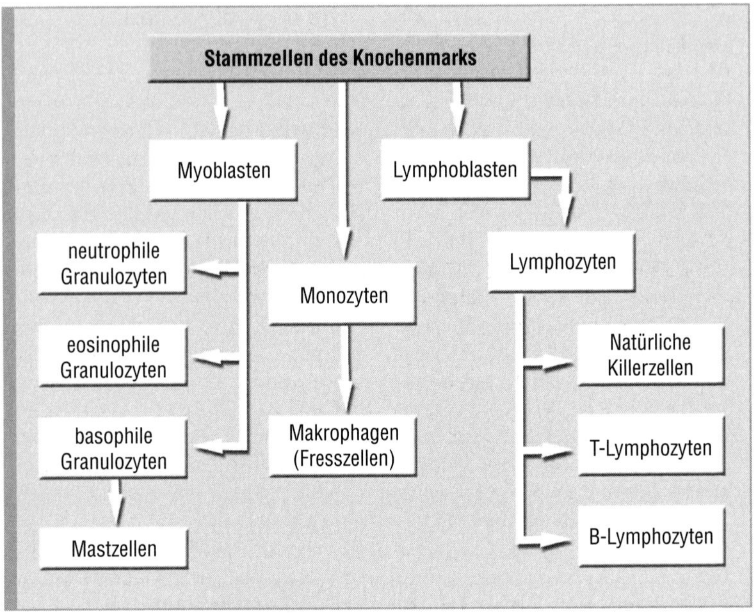

Stammbaum der Abwehrzellen

Das Immunsystem besteht zunächst aus auf Abwehr spezialisierten verschiedenen Zelltypen. Diese entwickeln sich im Knochenmark und gehen auf die gleichen Stammzellen zurück. (Außer den Leukozyten (weiße Blutkörperchen) werden im Knochenmark auch noch die roten Blutkörperchen (Erythrozyten) und die für die Blutgerinnung notwendigen Thrombozyten (Blutplättchen) gebildet.)

Das Knochenmark bildet sozusagen die Kinderstube der Abwehrzellen. Nach ihrer Fertigstellung müssen sie noch für ihre weiteren Aufgaben trainiert werden; dies findet vor allem im Thymus (auch Bries genannt) statt. Hier werden junge Immunzellen zu T- (= »Thymus-abhängigen«) Lymphozyten für spezielle Abwehraufgaben ausgebildet.

Die B-Lymphozyten werden in anderen Teilen des Immunsystems vermehrt und spezialisiert. Sie sind es, die Gedächtniszellen produzieren, die nun auch nach einer abgeklungenen Infektion im Körper verbleiben. Kommt es zu einer erneuten Infektion mit dem Erreger, können die entsprechenden Antikörper blitzschnell vermehrt werden und die Infektion im Keim ersticken. Krankheitssymptome treten dann gar nicht erst auf, wir sind gegen die Erreger immun.

Der Thymus
Der Thymus ist wie die Milz ein Lymphorgan. Er liegt hinter dem oberen Teil des Brustbeins und besteht aus zwei vor der Luftröhre zusammengewachsenen Lappen. Der Thymus wächst bis zur Pubertät allmählich an, danach beginnt er bereits zu schrumpfen, d. h. er wird durch Fettgewebe ersetzt. Beim erwachsenen Menschen im mittleren Lebensalter ist das Drüsengewebe des Thymus nur noch etwa halb so groß, in sehr hohem Lebensalter sind nur noch geringe Reste vorhanden.

So gibt es eine ganze Reihe von so genannten »Kinderkrankheiten«, die durch Viren oder Bakterien verursacht werden (wie Masern, Windpocken, Keuchhusten, Diphtherie). Die Erstinfektion mit starker Symptomatik führt zur Gedächtnisbildung des Immunsystem mit anschließender Immunität. Da bei schweren Erkrankungen wie etwa der Kinderlähmung und der Diphtherie der Verlauf lebensgefährlich sein kann, wird durch eine Impfung mit inaktiven Erregern oder deren Stoffwechselprodukten (Toxoide) eine kleine Infektion gesetzt, die ausreicht, dass die B-Zellen Antikörper produzieren und Immunität entsteht.

Angeboren und erlernt

Das Immunsystem ist zum Teil angeboren, zum Teil entwickelt sich es erst im Verlauf der »Erfahrungen«, die es mit Eindringlingen macht. Es ist damit neben dem Gehirn das einzige System, welches ein Gedächtnis hat, und es steht auch mit dem Gehirn in Verbindung. Hiermit beschäftigt sich die junge Wissenschaft der »Neuropsychoimmunologie«. Man hat z. B. herausgefunden, dass psychischer Stress die Abwehrkräfte des Körpers schwächen kann – so fanden sich im Blut stark gestresster Menschen deutlich weniger Abwehrzellen als bei weniger gestressten.

Effektiver, d. h. schneller, ist die erworbene, spezifische Immunantwort – sie besteht aus einer maßgeschneiderten, genau auf den Erreger abgestimmten Reaktion. Bis jedoch spezifische Abwehrkräfte hergestellt sind, bedarf es einiger Zeit. Viren und Bakterien pflanzen sich jedoch derart schnell fort, dass wir bereits schwer krank oder gar gestorben wären, bevor die maßgeschneiderten Spezialwaffen angefertigt sind. Aus diesem Grund gibt es angeborene Abwehrmaßnahmen »von der Stange«. Sie sind etwas »grobschlächtig«, dafür aber schnell. Sie stürzen sich ohne lange zu fackeln auf eingedrungene Erreger und halten sie für ein paar Tage in Schach. So wird Zeit gewonnen, um notwendige Spezialwaffen zu produzieren.

- Angeborene Immunität
  Sie entwickelt sich bereits beim Fetus im Mutterleib.
  Ihre Wirksamkeit hängt nicht vom vorherigen Kontakt mit Erregern ab, sie wird immer alarmiert, wenn etwas Fremdes in den Körper eindringt. Man bezeichnet sie deshalb auch als unspezifische Immunität.
- Erworbene Immunität
  Sie entwickelt sich erst nach der Geburt, nämlich wenn der Organismus eigene Kontakte zur Außenwelt aufnimmt.
  Die erworbene Immunität wird erst durch einen vorherigen Kontakt mit Erregern voll aktiviert. Beim Erstkontakt prägt sie sich das Bild des Erregers ein, legt einen Vorrat von »Waffen« (Abwehrkörpern) an, die dann bei einem zweiten oder weiteren Kontakt schnell »scharf gemacht« werden. Deshalb nennt man sie spezifische Immunität.

Das angeborene, unspezifische Immunsystem

Der äußere Schutzwall

Unser Körper verfügt zunächst über wirksame äußere Schutzbarrieren, die das Eindringen von Keimen erschweren:

- Unsere Haut ist von einem »Schutzfilm« überzogen, der Krankheitserregern das Eindringen ziemlich schwer macht. In dem sauren Milieu – gesunde Haut hat einen pH-Wert von 5,7 –, welches auf der Haut herrscht (dem Säureschutzmantel), kommen die meisten von ihnen um.
- Die natürlichen Körperöffnungen sind zum Schutz gegen Mikroorganismen und Giftstoffe mit einer Schleimhaut überzogen. In den Zellen der Schleimhäute befindet sich ein höchst wirksames Enzym, das Lysozym. Dieses löst eingedrungene Krankheitserreger auf, indem es deren Zellwände aufspaltet. Lysozym befindet sich in der Nasen- und Darmschleimhaut, in der Tränenflüssigkeit und auch in den Schleimhäuten der Genitalien.
- Die Magensäure tötet Erreger ab, die mit Speisen aufgenommen werden.
- Blase und Harnröhre werden durch den Urin laufend durchspült; dies verhindert auch, dass sich Bakterien einnisten können.
- Die Atemwege sind durch Flimmerhärchen und Schleim geschützt. Die Flimmerhärchen transportieren Eindringlinge wieder nach außen, zusammen mit Schleim werden sie abgehustet.

Gelingt es Erregern und Schadstoffen aber doch, diese ersten Barrieren zu überwinden und in den Blutkreislauf überzutreten, so wird im Körper Großalarm ausgelöst. Nun treten – von Enzymen gesteuert – spezialisierte Abwehrzellen auf den Plan.

Das Komplementsystem: Enzyme machen die Arbeit

Die Abwehrarbeit des Immunsystems wird insbesondere durch das Komplementsystem gesteuert und beschleunigt. Soweit man bisher erforscht hat, besteht es aus mehr als 20 Enzymen (Glykoproteinen), die überall in der Körperflüssigkeit vorhanden sind. Die Enzyme des Komplementsystems werden vor allem in den Makrophagen produziert. Es handelt sich dabei um ruhende Enzyme, zur ihrer Aktivierung fehlt noch ein Co-Enzym (siehe Seite 31), hier vor allem Kalzium- und Magnesium-Ionen.

Komplement bedeutet »Ergänzung« – diese Bezeichnung untertreibt jedoch die Bedeutung des Komplementsystems. Es wurde allerdings relativ spät entdeckt, die Namensgebung ist historisch zu verstehen. Seine Enzyme starten eine Immunreaktion, indem sie wie eine Kaskade nacheinander ablaufen und dabei verschiedene Stoffe freisetzen. Ausgelöst wird die Reaktion z. B. durch fremdartige Veränderungen auf Zelloberflächen.

Die Enzyme des Komplementsystems werden in der Biologie als »C« bezeichnet und in der Reihenfolge ihrer Aktivierung durchnummeriert: C1, C2, C3, C4 ... und so weiter. Sie werden nun in einer genau festgelegten Reihenfolge nacheinander aktiviert, wobei sie jeweils Aminosäurenketten abspalten. Die beiden Spaltprodukte (mit »a« und »b« benannt) aktivieren nun ihrerseits die nächsten Enzyme, so dass der Prozess sehr schnell verstärkt wird. Es handelt sich hiermit um eine typische katalytische Reaktionskaskade.

Diese wird von Inhibitoren (Hemmern) genau kontrolliert, damit sie nicht über ihr Ziel hinausschießt. Die Inhibitoren greifen an den unterschiedlichen Stufen der Kaskade ein und bauen aktive Enzyme rasch wieder ab.

Störungen des Komplementsystems

- Die Komplementaktivierung kann situativ zu aggressiv ausfallen, wenn in der Reaktionskaskade bestimmte Inhibitoren zu schwach oder defekt sind oder – wie es bei manchen angeborenen Störungen der Fall ist – völlig fehlen.
- Mangel an Komplement setzt die Abwehrleistung des Körpers herab. Da das Komplementsystem besonders wirksam z. B. bei der direkten Bekämpfung von Bakterien ist, kommt es bei einem Mangel zu häufigen bakteriellen Infektionen. Es gibt eine Vielzahl von Erkrankungen, bei denen der Komplementspiegel im Plasma erniedrigt ist: Systemischer Lupus Erythematodes (SLE), chronische Polyarthritis (cP), Entzündungen der Herzklappen oder der Nieren.

Seine schnelle Einsatzbereitschaft ist der Trumpf der unspezifischen, angeborenen Abwehr. Ihr ist es zu verdanken, dass die meisten Krankheitserreger, entarteten Zellen und Fremdlinge unschädlich gemacht werden, bevor sie eine erkennbare Erkrankung auslösen.

Die wichtigsten Mitglieder dieser schnellen Eingreiftruppe sind Fresszellen (Makrophagen, Phagozyten) und so genannte Natürliche Killerzellen (NK). Fresszellen kreisen in der Blutbahn (Monozyten, Granulozyten) und in den Geweben (Makrophagen). Sie vernichten Bakterien und Parasiten, aber auch Tumorzellen, Gewebetrümmer und Immunkomplexe.

Ihren Namen haben sie erhalten, weil sie sich über schädigende Partikel stülpen und sie regelrecht verdauen. An diesem Verdauungsprozess sind proteolytische (eiweißspaltende) Enzyme zentral beteiligt. Ein bestimmter Typ von Granulozyten kann zudem auch noch Feindzellen vernichten, die zu groß sind, um gefressen zu werden. Sie können auflösende Substanzen aus ihrem Inneren nach außen auf den Feind »schießen« und ihn dadurch vernichten.

> Störungen des Komplementsystems beruhen immer auf einem Mangel: Entweder sind Inhibitoren zu schwach oder fehlen ganz, oder es gibt insgesamt zu wenig Komplement im Körper. In beiden Fällen fehlen letztlich Enzyme. Gelingt es, dem Körper Enzyme zuzuführen, arbeitet schließlich das gesamte Immunsystem effektiver und fehlerfreier.

Die Natürlichen Killerzellen (NK) sind weiße Blutkörperchen (Leukozyten). Sie können Veränderungen auf der Oberfläche von Zellen erkennen, die mit einem Virus infiziert oder bösartig entartet sind, und sie abtöten.

Die Grenzen der angeborenen, unspezifischen Abwehr

Wie schon gesagt, ist das unspezifische Abwehrsystem sehr effektiv, weil es gegen die unterschiedlichsten Fremdkörper mit den gleichen Waffen vorgeht, also nicht lange »überlegen« muss.

Da sich jedoch gerade Viren und Bakterien extrem schnell vermehren, war es im Verlaufe der jahrmillionenlangen Entwicklung für »höhere« Lebewesen (Wirbeltiere) von Vorteil, noch ein zweites System, das der spezifischen Abwehr, zu entwickeln.

Die spezifische Abwehr: Das Gedächtnis des Immunsystems

Die spezifische Abwehr kommt ausschließlich bei Wirbeltieren vor – sie ist in der Evolutionsgeschichte also wesentlich jünger als die unspezifische Abwehr. Sie entsteht erst nach einem Kontakt mit einem Erreger. Einmal entwickelt, behält sie jahrelang oder sogar lebenslang ein Gedächtnis für den Erreger bei. Es entsteht Immunität. Dieser Vorgang ist uns z. B. geläufig durch die so genannten Kinderkrankheiten wie Masern, Röteln, Mumps, Windpocken, die man nur einmal im Leben bekommt. Das heißt, die Ersterkrankung verläuft heftig (hohes Fieber, Ausschlag), es dauert bis zu mehreren Wochen, bis die Erkrankung ausgeheilt ist. Diese Zeit »nutzt« das Immunsystem, sich die Antigene einzuprägen und spezielle Antikörper zu entwickeln. Kommt es zu einem erneuten Kontakt mit dem Erreger, können nun blitzschnell die passenden Antikörper produziert werden, sodass die Erkrankung bereits im Keim erstickt wird.

Im Laufe der Entwicklung nach der Geburt bildet das angeborene Immunsystem dann schnell spezialisierte spezielle Eingreiftruppen aus. Dies geschieht dadurch, dass bestimmte junge Immunzellen (Lymphozyten) zu T- und zu B-Lymphozyten »trainiert« werden. Das Kürzel »T« bezieht sich darauf, dass diese Schulung insbesondere in der Thymusdrüse geschieht.

B-Lymphozyten werden beim Menschen überall im Körper trainiert, beim Vogel in einem so genannten Bursa-Apparat. Hier wurden sie von Biologen zuerst entdeckt, deshalb behielt man beim Menschen das Kürzel »B« bei (obwohl es eigentlich unsinnig ist). Kommt eine B-Zelle mit »ihren« Antigenen in Kontakt, bildet sie sehr schnell Tochterzellen, die nun massenhaft Antikörper produzieren. Eine einzige Zelle kann stündlich bis zu 100 Millionen Antikörpermoleküle bilden und in die Blutbahn entlassen.

Antikörper: Maßgeschneiderte Fangarme

Die wichtigsten Bestandteile der spezifischen Abwehr sind Antikörper, (Immunglobuline, abgekürzt als Ig). Man schätzt, dass es ca. 10 Millionen verschiedene Antikörper gibt – sie sind darauf spezialisiert, jeweils ein bestimmtes Antigen zu erkennen. Man teilt die Antikörper oder Immunglobuline in fünf verschiedene Typen ein (siehe Tabelle). Sie bestehen aus ähnlichen, Y-förmigen Elementen, insbesondere verfügt ein Antikörpermolekül über zwei Bindungsstellen (dies sind die kurzen Enden des Ypsilons), d. h. es kann sich mit zwei Antigenen verbinden.

T-Lymphozyten: Spezialisten der Abwehr

Die T-Zellen erkennen Antigene auf eine etwas andere Weise als B-Zellen. Ihr Spezialgebiet ist es, körpereigene Zellen zu überwachen und krankhafte Veränderungen zu erkennen. Die T-Zellen machen ihre ersten Entwicklungsschritte im Knochenmark. Noch unreif wandern sie in die Thymusdrüse und wachsen hier unter dem Einfluss der Thymushormone und anderer Stoffe zu reifen T-Zellen heran. Nach ihrer Ausbildung zirkulieren sie in den Blut- und Lymphbahnen und docken an Zellen an, die ihr spezifisches Antigen tragen.

Danach fängt der T-Lymphozyt an, sich zu teilen. Dabei entstehen verschiedene Untertypen:

T-Helferzellen erkennen Antigene auf Fremdzellen und aktivieren entweder zytotoxische Zellen zur Bekämpfung der Fremdzellen oder regen die B-Lymphozyten zur Produktion von Antikörpern an.

T-Suppressorzellen haben eine bedeutsame Kontrollfunktion. Sie verhindern, dass die Immunreaktion überschießt und den eigenen Körper schädigt.

T-Gedächtniszellen speichern die einmal erworbene Immunantwort. Kommt der Organismus wieder mit dem Erreger in Kontakt, lösen sie schnell die gezielte Abwehrreaktion aus.

Zytotoxische T-Zellen erkennen »entartete« Zellen, wie z. B. durch Viren befallene Körperzellen, manche Tumorzellen und degenerierte oder sonstige defekte Zellen. Sie durchlöchern z. B. die Hülle von Zellen, die mit Viren befallen sind und töten sie dadurch ab. Meistens werden auch die Viren dabei vernichtet. Dies gelingt jedoch nicht immer. Manchmal überleben auch Viren im Körper und lösen immer wieder neue Infektionen aus. Typische Beispiele hierfür sind Herpes-Viren und die Varicella-Viren, die Erreger der Windpocken. Diese lösen, nachdem sie Jahrzehnte in Nervenzellen »geschlafen« haben, die Gürtelrose aus. Grund ist zumeist eine Schwäche des Immunsystems.

Immunglobuline im Überblick.

Klasse	Häufigkeit/Vorkommen	Hauptaufgaben
IgG	häufigster Typ, 70 – 75 % der Immunglobuline; kommt v.a. in der Lymphe vor	wirkt bei Bakterien und Autoimmunerkrankungen; tritt als einziges Immunglobulin von der Mutter auf den Embryo über und verleiht Immunschutz, bis die eigene Antikörperproduktion beginnt
IgM	10 %; Lymphe	wichtig bei Virusinfektionen, entscheidet bei Bluttransfusionen über die Verträglichkeit der Blutgruppe
IgA	15 %; Schleimhäute, Speichel, Magensaft	dient als Schutzbarriere gegen eindringende Bakterien
IgD	unter 1 %; Oberfläche von B-Lymphozyten	Funktionen sind noch nicht genau erforscht
IgE	unter 1 %;	löst allergische Reaktionen aus

Die Bedeutung der Makrophagen

Die Vielfraße unter den Immunzellen sind die Makrophagen, auf die wir nun noch einmal zurückkommen wollen. Sie sind überall im Körper, erkennen Feinde, umschlingen sie zumeist sofort und lösen sie enzymatisch auf, wenn die Helferzellen kein Veto einlegen. Die Makrophagen stehen mit den anderen Zellen des Immunsystem in ständiger Verbindung, liefern Informationen über ihre Beute an die T-Zellen oder auch an die Granulozyten. Dies sind kleinere Fresszellen, die wie eine Art Außenposten direkt unter der Haut oder an den Körperöffnungen wachen.

Sie spielen aber auch eine wichtige Rolle bei der Ausbildung der anderen Zellen. Makrophagen befinden sich in allen Körpergeweben und -flüssigkeiten und vernichten alles, was ihnen fremd ist, seien es Mikroorganismen wie Bakterien oder Pilze oder Giftstoffe. Der Makrophage stülpt sich über den Fremdling, zerstört ihn, indem er mittels eines Enzyms seine Moleküle zerlegt, und transportiert die Trümmer in den nächstgelegen Lymphknoten. Dort treffen die feindlichen Partikel auf die B- und die T-Zellen. Die B-Lymphozyten produzieren nun die Y-förmigen Antikörper, die wie bei einem Puzzle genau auf den Erreger passen. Diese Antikörper vermehren sich rasant und greifen sich mit den beiden kurzen Ästen des Ypsilons die Antigene der fremden Eindringlinge. Die Antikörper binden also die Antigene an sich, und es entstehen die neuen Formationen, die man als Immunkomplex bezeichnet. Wenn alles gut klappt, werden diese Immunkomplexe dann wiederum von Makrophagen vernichtet.

Während die B-Zellen in der Lymphe und im Blut – also außerhalb der Zellen – für Ordnung sorgen, sind die T-Zellen darauf spezialisiert, bereits in die Zellen eingedrungene Feinde, vor allem Viren, zu zerstören. Dies geschieht, vereinfacht gesagt dadurch, dass eine infizierte Zelle sozusagen als letztes »SOS« ein kleines Peptid der feindlichen Hüllproteine in ihre Zellwand einbettet. Die T-Zellen sind in der Lage, dieses Indiz zu erkennen. Sie haben nun zwei Möglichkeiten:

- Sie töten die infizierte Wirtszelle sofort ab, was verhindert, dass sie sich – und mit ihr das Virus – weiter teilt. Diese T-Zellen nennt man deshalb auch T-Killerzellen; in der Wissenschaft werden sie als CD8-T-Zellen bezeichnet nach der Art ihrer Rezeptoren bzw. Fühlärmchen. Bei den T-Killerzellen ist es natürlich wichtig, dass sie ihre Aktivität auch wieder einstellen und sich nicht auch gegen gesunde Zellen richten.
- Weniger radikal ist Variante zwei: CD4-T-Zellen rufen B-Zellen zur Hilfe, die nun Antikörper produzieren. Man nennt sie deshalb auch Helferzellen. Es sind auch diese Helferzellen, die entscheiden, ob ein Makrophage einen gefangenen Eindringling endgültig auflöst oder nicht. Hierdurch wird

noch einmal kontrolliert und sichergestellt, dass das Gewebe wirklich fremd ist und nicht zum Körper gehört.

Wie eingangs gesagt, ist das Immunsystem so kompliziert, dass sich eine ganze Wissenschaft nur mit ihm beschäftigt. Wir haben in diesem Abschnitt versucht, die wichtigsten Mechanismen zu skizzieren – nämlich die, die vonnöten sind, um bestimmte Krankheitsprozesse ursächlich zu verstehen und damit auch ein gewisses Bild davon zu bekommen, was Heilung ist. Heilung ist eigentlich immer Selbstheilung – die Medizin kann dem Körper hierzu allerdings zur Seite stehen.

Herpesinfektionen und Gürtelrose

Bereits *Max Wolf* hatte schon kurz nach dem 2. Weltkrieg die Idee, Enzyme gegen Viren einzusetzen, und heilte erfolgreich Milchkühe, die von der Papillomatose, einer Viruserkrankung, befallen waren. Später übertrug er seine Erfahrungen auch auf Pflanzen, wie zum Beispiel wertvolle Orchideen, die durch bestimmte Viren vernichtet wurden. Die Tatsache, das Enzyme Viren unschädlich machen, erklärte *Max Wolf* damit, dass die Enzyme es den Viren erschweren, in Wirtszellen einzudringen, in dem sie ihnen die Anhaftungsmoleküle und damit sozusagen die »Füße« auflösten. Heute weiß man, dass Enzyme gegen Viruserkrankungen helfen, weil sie das Immunsystem stärken. Denn letztlich kann nur unser körpereigenes Immunsystem bewerkstelligen, dass sich Viren im Körper nicht ungehemmt vermehren. Es gibt bislang keinen chemischen Stoff, der Viren – wie ein Antibiotikum Bakterien – direkt abtötet. Darüber hinaus lindern Enzyme auch die entzündlichen Begleiterscheinungen von Viruserkrankungen und tragen erheblich dazu bei, dass wir uns von einer Infektion schneller erholen.

Was sind Herpes-Viren?

Die Gattung der Herpes-Viren hat die sehr unangenehme Eigenschaft, dass sich nach der Erstinfektion ein Teil von ihnen im Körper versteckt, um nach Jahren oder Jahrzehnten erneut aktiv (»virulent«) zu werden. Meist ziehen sich Herpes-Viren in das Nervengewebe zurück und verursachen dort – sozusagen im schlafenden Zustand – keine Beschwerden. Wenn sie »aufwachen«, wofür meist eine Belastung des Immunsystems die Ursache ist, lösen sie unterschiedliche Krankheiten aus.

Am weitesten verbreitet ist sicherlich der Lippen-Herpes, der durch das Herpes-Simplex-Virus (HSV) Typ I entsteht. Die juckenden, nässenden Bläschen beschränken sich in manchen Fällen nicht nur auf die Lippen, sondern können sich auch auf die Wangen, Nase und Ohren ausbreiten. Etwa 90 Prozent der Erwachsenen sind Träger des HSV Typ I, aber nur bei ca. 20 Prozent bricht Lippen-Herpes – hier aber leider

Herpes-Viren: Ein große Familie

Man kennt fast 100 verschiedene Herpes-Viren, die aber nicht alle beim Menschen zu Krankheiten führen. Beim Menschen sind es vor allem sechs Herpesarten, die Probleme bereiten:

- Herpes-simplex-Virus Typ I: befällt vor allem die Lippen in Form von schmerzhaften Bläschen (Herpes simplex)
- Herpes-simplex-Virus Typ II: Bläschen im Genitalbereich (Herpes genitalis)
- Varicella-Zoster-Virus: Gürtelrose (Herpes zoster)
- Herpes hominis 6: verursacht bei Kindern das so geannte Drei-Tage-Fieber
- Epstein-Barr-Virus (EBV): erregt das Pfeiffersche Drüsenfieber (Halsschmerzen, geschwollene Lymphknoten, Fieber, Schwäche)
- Zytomegalie-Virus: erzeugt Zytomegalie (Speicheldrüsenviruskrankheit) mit Symptomen wie Fieber, Nervenschmerzen, Schwäche; in schweren Fällen Lungen-, Nieren-, Leber- oder Bauchspeicheldrüsenentzündung

wiederholt – aus. Die Erstinfektion findet meist im Kindesalter statt und äußert sich hier in Hautbläschen, Fieber, Schwellungen der Lymphknoten oder auch als Mundfäule.

Das HSV Typ II (40 Prozent der Erwachsenen sind davon infiziert) ist vor allem für den Genital-Herpes verantwortlich. Hier zeigt sich der juckende, nässende und schmerzende Ausschlag im Genitalbereich, häufig auch am Gesäß.

Gürtelrose: Spätfolge der Windpocken

Zur Familie der Herpes-Viren zählt auch das Varicella-Zoster-Virus. Bei der Erstinfektion löst es die hoch ansteckenden Windpocken aus. Bei Kindern sind Windpocken ungefährlich, ihr »fittes« Immunsystem wird mit der Infektion gut fertig. (Im Erwachsenenalter sind die Windpocken ernster zu nehmen, weil das Immunsystem bereits schwächer geworden ist.) Während der Erkrankung gelingt es aber einigen Viren, den Attacken der T-Zellen zu entkommen. Sie wandern ab in Nervenzellen in der Nähe des Rückenmarks. Sie fallen in eine Art Schlaf, dringen nicht mehr zur Vermehrung in Körperzellen ein. Sie bleiben völlig unauffällig und deshalb vom Immunsystem unerkannt. Man schätzt, dass 94 Prozent der Erwachsenen Träger des Zoster-Virus sind. Werden diese schlafenden Viren wieder aktiviert, lösen sie die Gürtelrose (Herpes zoster) aus. Die Gürtelrose ist nicht mehr ansteckend, es sei denn, es hat jemand noch keine Windpocken gehabt. Man sollte deshalb vorsichtshalber den Kontakt mit Babys und Kleinkindern meiden.

Die Gürtelrose kann Menschen jeden Alters treffen, jedoch nimmt sie ab etwa dem fünften Lebensjahrzehnt an Häufigkeit zu – dies korreliert mit der im Alter sinkenden Abwehrkraft unseres Immunsystems. So haben nur unter einem Prozent der Menschen unter 50 Jahren eine Gürtelrose erlitten, bei Menschen über 85 ist es mehr als jeder Zweite. Meist ist es so, dass man nach einer durchgemachten Gürtelrose gegen diese Erkrankung immun ist. Bei Patienten mit einem geschwächten Immunsystem können durchaus auch mehrere Krankheitsschübe auftreten.

Werden die Viren aktiv, so vermehren sie sich schnell und wandern entlang der Nervenbahnen bis zur Hautoberfläche. Dort lösen sie zunächst einen geröteten Ausschlag aus, auf dem sich später nässende Bläschen ausbilden. Bereits Tage vor dem Erscheinen der ersten Rötung treten im Bereich der betroffenen Hautpartie starke Schmerzen auf, die auf die Reizung der Nervenbahnen zurückgehen. Die Erkrankten fühlen sich abgeschlagen, müde und schwach, manchmal tritt leichtes Fieber auf.

Noch etwa sieben bis zehn Tage nach dem Auftreten der ersten Hautveränderungen bilden sich immer neue Bläschen; der Ausschlag dehnt sich an Brustkorb oder gürtelförmig aus, was der Erkrankung den Namen Gürtelrose eingetragen hat. Sie kann aber auch im Gesicht oder etwa an den Beinen auftreten und befällt in der Regel nur eine Körperhälfte.

Achtung

- Gefährlich wird Herpes im Bereich der Augen oder Ohren. Hier können bleibende Seh- bzw. Hörschäden oder sogar Erblindung die Folge sein.
- Bei einer Herpes-Entzündung des Gehirns besteht die Gefahr von dauerhaften Hirnschädigungen.
- Lebensbedrohlich ist eine schwere Form der Gürtelrose, die den ganzen Körper und auch die inneren Organe befällt. Sie tritt jedoch fast nur bei Menschen auf, die bereits schwer erkrankt sind (z. B. an AIDS oder Krebs) und deren Immunsystem extrem geschwächt ist.

Was weckt die schlafenden Viren auf?

An erster Stelle ist eine Schwächung des Immunsystems zu nennen. Diese kann chronisch sein, aber auch durch eine Grippeinfektion, bestimmte Medikamente (z. B. Zytostatika), Fieber, Sonnenbrand und UV-Einstrahlung, psychischen Stress und nicht zuletzt Enzymmangel entstehen. Oft ist es eine Kombination von mehreren Belastungen, die das Immunsystem letztlich so schwächen, dass die Zoster-Viren Oberwasser bekommen.

In leichten und mittelschweren Fällen heilt die Gürtelrose innerhalb von ungefähr drei Wochen komplikationslos ab. Die roten Flecken auf der Haut sind allerdings noch einige Monate sichtbar. Das Immunsystem bildet im Verlauf der Erkrankung Antikörper (anhand denen man auch im Labor die Krankheit nachweist), sodass in der Regel Immunität besteht.

Die Plage der Postzoster-Schmerzen

Bei älteren Menschen und bei schweren Formen der Erkrankung ist die Gürtelrose sehr schmerzhaft. Man nennt diese Beschwerden »postzosterische Neuralgie«. Es handelt sich um Nervenschmerzen, die dadurch entstehen, dass die Zoster-Viren das Nervengewebe geschädigt haben. Die Nervenschmerzen können noch lange fortbestehen und die Lebensqualität erheblich mindern. Die Beschwerden stellen oft das eigentliche Problem der Gürtelrose dar; in manchen Fällen werden die Betroffenen die Schmerzen zeitlebends nicht mehr los.

Die Grenzen der schulmedizinischen Behandlung der Gürtelrose

Viren sind deshalb so schwer mit synthetischen Medikamenten von »außen« zu bekämpfen, weil sie – anders als Bakterien – keinen eigenen Stoffwechsel besitzen. Deshalb nehmen sie auch keine Substanzen auf, die sie direkt schädigen und abtöten können. Bei einer Gürtelrose (wie auch bei schweren Fällen von Lippen- oder Genital-Herpes) werden heutzutage von der Schulmedizin meist so genannte Virustatika verordnet, die der Patient entweder äußerlich als Salbe aufträgt, einnimmt oder per Infusion bekommt. Das häufigste Medikament beinhaltet den Wirkstoff Aciclovir. Virustatika können Viren zwar nicht abtöten, aber ihre Vermehrung verlangsamen, dies z. B. dadurch, dass sie die DNA-Polymerase, ein Enzym, welches die Zellteilung steuert, hemmen.

Allerdings ist die Effektivität der Therapie umstritten. Eigentlich sollte sie nur in schweren Krankheitsfällen und hier möglichst früh und in hohen Dosierungen mit Tabletten oder besser Infusionen erfolgen.

Bei der Gürtelrose ist festzustellen, dass Virustatika den Verlauf der Erkrankung in leichten bis mittelschweren Fällen in der Regel nicht weiter positiv beeinflussen. Dies liegt vor allem daran, dass es extrem wichtig ist, dass die Behandlung möglichst früh begonnen wird, nämlich bevor sich die Zoster-Viren schon stark vermehrt haben. Die Therapie müsste also bereits beim Auftreten der ersten Symptome einsetzen. Diese sind aber gerade am Anfang erst einmal unspezifisch (Schmerzen, Rötung) und können alles mögliche bedeuten. Nicht selten suchen Patienten wegen der starken Schmerzen, die an Ischiasschmerzen erinnern, zunächst einen Orthopäden auf. Bis nach Tagen die Bläschen auftreten, die erst die korrekte Diagnose ermöglichen, ist es für Virustatika zu spät. Zudem weiß jeder, der einmal eine Gürtelrose hatte, dass er auch nicht bei den ersten kleinen Bläschen zum Arzt gegangen ist.

Virustatika in Tablettenform sind wegen ihren starken Nebenwirkungen (Übelkeit, Schwindel, sinkende Leistung der Nieren) verschreibungspflichtig; die Nieren- und Leberwerte sollten überprüft werden, um Schädigungen auszuschließen.

Virustatika beeinflussen leider auch nicht das Auftreten der Postzoster-Neuralgien in positiver Weise. Im Kursbuch »Medikamente und Wirkstoffe«* kommen die Fachautoren zu folgendem Ergebnis: »Der Nutzen der Therapie in weniger schweren Fällen ist umstritten. ... Virustatika haben kaum einen zusätzlichen Nutzen. Zudem ist der Einfluss der Medikamente auf die Beschwerden, die noch lange nach der akuten Phase anhalten, nach vorliegenden Daten gering.«

Enzymtherapie bei Gürtelrose

Bevor in den 1970er Jahren das Aciclovir seinen Siegeszug antrat, war bei der Gürtelrose die systemische Enzymtherapie das Mittel der Wahl. Verschiedene Studien und Anwendungsbeobachtungen hatten sehr gute Ergebnisse erbracht. Die Bläschen heilten besser ab, wenn die Patienten sich mit Enzymen versorgten, die Schmerzen ließen schneller nach und es kam kaum zu den gefürchteten Postzoster-Neuralgien. So schrieb *Dr. Bartsch,* der Chefarzt des Waldsanatoriums Urbachtal, einer großen Krebsnachsorgeklinik, 1968: »Zur Zeit halten wir die Therapie des Herpes zoster mit proteolytischen Enzymen für die wirkungsvollste, nebenwirkungsfreieste und optimale Therapie.« *Dr. Bartsch* hatte bis dato mehrere hundert Zosterpatienten mit großem Erfolg enzymtherapeutisch behandelt.

In einer anderen Untersuchung (Scheff, 1986) stellte man fest, dass durch die Enzymtherapie das Auftreten von Postzoster-Neuralgien zuverlässig verhindert wird. In einer weiteren Studie untersuchte man bei 10 Patienten den Beginn der Krustenbildung, das Abheilen der Krusten und die Schmerzhaftigkeit der Erkrankung. Auch hier erwies sich die Enzymtherapie als sehr erfolgreich und gut verträglich.

Die Wirksamkeit der Enzyme beruht auf letztlich zwei Mechanismen:

Zum einen steuern die Enzyme die Entzündungsreaktion (siehe Seite 47) und bewirken damit, dass die Hautläsionen schneller abheilen.

Zum anderen stimulieren die Enzyme das Immunsystem, sodass der Körper die Zoster-Infektion besser und effektiver abwehren kann.

---

* von Maxen A, Hoffbauer G, Heeke A (2000) Kursbuch Medikamente und Wirkstoffe. Zabert-Sandmann Verlag, München

Heute muss es der Arzt abwägen, ob er eine Gürtelrose oder andere Herpes-Erkrankungen mit proteolytischen Enzymen und/oder Aciclovir behandelt. In einer wissenschaftlichen Untersuchung, die 1993 veröffentlicht wurde, verglich man bei 96 Zoster-Patienten die Effektivität von Aciclovir mit der Effektivität der Enzymkombination Wobe-Mugos. Beide Behandlungsarten wiesen die gleichen Erfolge auf, was die Linderung der Schmerzen und das Abheilen des Ausschlags betraf. Das Enzymgemisch zeigte sich dem chemischen Aciclovir als ebenbürtig, erwies sich allerdings als wesentlich besser verträglich. Diese gute Verträglichkeit und die Effektivität sollten eigentlich den Ausschlag dafür geben, bei der Gürtelrose eine Enzymtherapie immer als therapeutische Option in Erwägung zu ziehen.

Herpes-Viren: Was kann man selbst tun?

Man kann es leider nicht oft genug betonen: ein gesundes Immunsystem hält Herpes- und Herpes-zoster-Viren in Schach. Bricht trotzdem ein lästiger Lippen-Herpes oder gar eine akute Gürtelrose aus, ist es in jedem Fall ratsam, zusätzliche Belastungen wie starke Sonneneinstrahlung, Alkohol und Stress zu vermeiden und das Immunsystem durch Enzyme und Co-Enzyme zu unterstützen, denn die Erkrankung ist immer ein Hinweis darauf, dass das Immunsystem Hilfe braucht.

Eine systemische Enzymtherapie, die Sie auch zusätzlich zu einer ärztlich verordneten Behandlung mit einem Virustatikum durchführen können, unterstützt den Heilungsprozess und beugt Rückfällen und insbesondere der gefürchteten Postzoster-Neuralgie vor.

Autoimmunerkrankungen

Man spricht von Autoimmunerkrankungen, wenn unser Immunsystem »fälschlicherweise« das eigene Körpergewebe angreift. Das »Warum« ist häufig unklar. Dieser Angriff richtet sich primär gegen normale körpereigene Zellen und nicht gegen Körperzellen, die durch entzündliche oder andere Prozesse verändert sind und dadurch fremd »antigen« wurden.

Durch die ablaufenden entzündlichen Prozesse bei einer Autoimmunerkrankung kann sich das betroffene Gewebe so verändern, dass bislang verborgene und dem Immunsystem bisher unbekannte Gewebestrukturen freigelegt werden, dass sie als fremd erscheinen. Zelltrümmer, die durch den Angriff zytotoxischer T-Zellen entstehen, locken wiederum Makrophagen an, sodass sich der Prozess selbst hochschaukelt. Gegen freigesetzte, unbekannte Zellfragmente können zunächst Antikörper gebildet werden und daraus in Folge große Immunkomplexe entstehen. Im Gelenk resultieren daraus häufig Antikörper gegen Kollagen, bei der MS finden sich häufig Antikörper gegen ein Hülleiweiß der Nervenzellen.

Fehlregulation und eine überschießende Reaktion des Immunsystems stehen im Wesentlichen bei Autoimmunerkrankungen im Vordergrund.

Die häufigsten Autoimmunerkrankungen sind der gewöhnliche Heuschnupfen und andere Allergien, rheumatoide Arthritis, Multiple Sklerose, Hauterkrankungen wie Lupus erythematodes und Schilddrüsenerkrankungen vom Typ Hashimoto. Manche Forscher zählen auch den Diabetes dazu.

Kreuzreaktivität gegen Körpergewebe

Bei Erkrankungen mit bestimmten Bakterien und anderen Mikroben kann es durch Kreuzreaktionen ebenfalls zu einem Angriff des Immunsystems auf körpereigenes Gewebe kommen. Kreuzreaktivität ist auch der Grund dafür, dass es nach bestimmten bakteriellen Erkrankungen zu einer Gelenkentzündung (Infektarthritis) oder zu Nieren- und Herzklappenerkrankungen kommt, weil die gegen die Bakterien gerichteten Antikörper auch körpereigene Strukturen angreifen können. Tage bis Wochen nach einer bakteriellen Infektion entzünden sich plötzlich die Gelenke, die Nieren werden durchlässig für Eiweiß und Blutkörperchen und die Herzklappen werden in ihrer Schließfunktion beeinträchtigt. Diese Kreuzreaktionen des Körpers verschwinden jedoch im Unterschied zu den Autoimmunerkrankungen nach Beseitigung der Krankheitserreger.

Immunkomplexe: Unangenehme Riesen

In den letzten Jahren hat sich auf dem Gebiet der Immunologie ein besonderer Zweig entwickelt, der sich fast allein damit beschäftigt, zu erforschen, welche Immunkomplexe es gibt, was sie im Körper bewirken und wie man sie unschädlich machen kann. Leider ist die Sache nicht so einfach, wie man sie sich vorstellt: Ein Antikörper heftet sich an sein passendes Antigen, alarmiert eine Fresszelle, diese eilt herbei und macht dem Immunkomplex den Garaus. Das Problem besteht nämlich vielmehr darin:

Eine Zelle hat, wie im Kapitel über das Immunsystem beschrieben, viele verschiedene Antigene. Ein Y-förmiger Antikörper krallt sich nun oft mit einem seiner Enden an »seinem« Antigen fest, greift sich mit dem anderen Ende bereits sein Antigen auf einer weiteren Zelle. Dieser immunologische Vorgang entspricht der sog. »Agglutination«, durch welche Zellen daran gehindert werden, weiter zu zirkulieren und sich in Geweben anzuheften. Durch diesen Vorgang werden diese Zellen für die Abwehrzellen (Fresszellen) markiert (opsoniert). Nun ist ein kleiner Zell-Antikörper-Komplex entstanden. Er könnte mühelos von einem »zufällig« vorbeikommenden Makrophagen (Fresszelle) vertilgt werden.

Begriffsdefinitionen:

Agglutination
Antikörper verkleben eingedrungene Fremdzellen, Bakterien oder Viren. Das unterbindet meist eine weitere Zirkulation dieser Partikel. In gewisser Weise entsteht ein sehr großer und unlöslicher Immunkomplex: ein gefundenes Fressen für die Makrophagen. Diese unlöslichen Immunkomplexe werden dadurch sehr rasch beseitigt.

Opsonisierung
Antikörper binden sich an Zellen und machen diese für Makrophagen (Fresszellen) so richtig »schmackhaft«. Durch dieses Markierungsverfahren wissen die Makrophagen sofort, dass es sich um eine Zelle handelt, die ohne weitere Kontrollabläufe vernichtet werden kann.

Erhöhte Spiegel an Immunkomplexen/ Immunkomplexerkrankungen

Im Falle von Immunkomplexerkrankungen und/oder Autoimmunerkrankungen können all diese Möglichkeiten eine Rolle spielen. Entweder werden körpereigene Strukturen durch Antikörper als fremd markiert oder an- bzw. abgelagerte Immunkomplexe täuschen eine Markierung vor.

Ganz generell sind hohe Spiegel an löslichen Immunkomplexen oder lange Zeit erhöhte Spiegel an Immunkomplexen mit dem Risiko von Immunkomplexerkrankungen korreliert. Offenbar zeigen die erhöhten Spiegel an Immunkomplexen entweder ganz generell eine überschießende Reaktion auf antigene Reize oder weisen auf eine gestörte Elimination gebildeter Immunkomplexe aus der Zirkulation hin. Je länger lösliche Immunkomplexe zirkulieren können, desto höher ist auch die Gefahr, dass es zu unerwünschten An- oder Ablagerungen dieser Komplexe kommt.

Kleine lösliche Immunkomplexe, die nicht in der Lage sind, das sog. Komplementsystem zu aktivieren, sind klinisch ohne Bedeutung. Sehr große Immunkomplexe könnten zwar theoretisch gut das Komplementsystem aktivieren, sie werden aber rasch durch Makrophagen entfernt.

Kritisch sind lösliche Immunkomplexe mittlerer Größe, die bereits in der Lage sind, das Komplementsystem zu aktivieren. Diese löslichen Immunkomplexe können der Elimination durch die Makrophagen entgehen, können dadurch lange zirkulieren und gewebsständig (unlöslich) werden. Wenn solche gewebsständigen Immunkomplexe das Komplementsystem aktivieren, können sie körpereigenes Gewebe zerstören.

Hierbei spielen T-Lymphozyten eine wichtige Rolle. Diese reagieren sozusagen »übererregt« auf körpereigenes Gewebe (z. B. Knorpel, Nervengewebe) und alarmieren Makrophagen, die das Gewebe enzymatisch auflösen. Man nennt diese, auf körpereigenes Gewebe reagierenden T-Zellen deswegen auch »autoreaktive« T-Zellen.

Bei der Behandlung kommt es darauf an, die Aktivität dieser autoreaktiven Immunzellen zu bremsen, oder, wie es Immunologen ausdrücken, »down« zu modulieren auf eine normale Funktion, ohne sie so stark zu schwächen, dass sie ihren Aufgaben überhaupt nicht mehr nachkommen. Die nun »down« modulierten T-Zellen greifen körpereigenes Gewebe nicht mehr an, schützen aber immer noch vor echten Gefahren wie Viruserkrankungen oder Krebs.

Die systemische Enzymtherapie bringt die übererregten T-Zellen wieder ins Gleichgewicht – genau dies ist ein wichtiger Grund dafür, warum Enzyme bei Autoimmunerkrankungen so gut helfen. Die zusätzlich eingenommenen Enzyme unterstützen die sowieso in jeder Zelle enthaltenen, vom Körper selbst produzierten Enzyme. Bei schweren und chronischen Erkrankungen wie auch im Alter reicht unsere Eigenproduktion an Enzymen jedoch nicht mehr aus, sie brauchen Verstärkung von außen.

Enzyme spalten Immunkomplexe und bremsen autoreaktive T-Zellen

Der positive Einfluss von Enzymen auf Autoimmunerkrankungen, wie er in vielen Studien über die letzten Jahrzehnte hinweg beschrieben wurde, liegt zunächst darin, dass die proteolytischen Enzyme die Immunkomplexe aufspalten und damit ihre Eliminierung erleichtern. Zugleich regen sie die Aktivität der Fresszellen an, sodass diese die Immunkomplexe besser auflösen können. Enzyme können regulierend wirken, sodass Körperzellen nicht zu viele Adhäsionsmoleküle ausbilden – »Ärmchen«, an denen z. B. Entzündungszellen andocken – wodurch die Reaktion kontrolliert ablaufen kann.

Hinzu kommt, dass Enzyme offensichtlich die Aktivität der autoreaktiven T-Zellen dämpfen und insgesamt das Immunsystem modulieren. Sie harmonisieren ein Ungleichgewicht zwischen verschiedenen Zelltypen

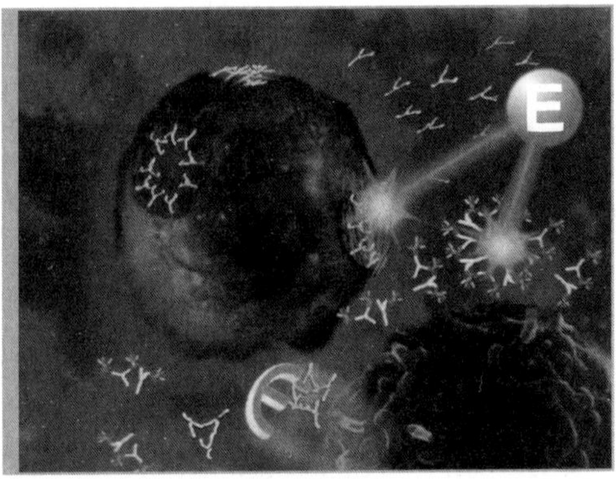

Enzyme spalten Immunkomplexe

des Immunsystems und zwischen entzündungsfördernden und entzündungshemmenden Botenstoffen (Zytokinen). Dies alles zusammengenommen hat zur Folge, dass Entzündungen wirklich ausheilen, statt chronisch zu werden oder immer wieder akut aufzuflackern.

Rheumatoide Arthritis (RA)

Die rheumatoide Arthritis (RA), manchmal auch als chronisches Gelenkrheuma, früher als chronische Polyarthritis (cP) bezeichnet, ist die häufigste Autoimmunerkrankung. Es handelt sich um eine echte Volkskrankheit, an der etwa zwei Prozent der Bevölkerung leiden, allein in Deutschland geht die Zahl der Betroffenen in die Millionen.

Die Erkrankung entwickelt sich zumeist schleichend und beginnt oft an den Gelenken der Finger. Die betroffenen Gelenke schwellen an, schmerzen und können nur noch schwerlich bewegt werden. Vor allem morgens machen sich die Beschwerden besonders deutlich bemerkbar (Morgensteifigkeit). Hinter der RA steht eine Entzündung der Membrana synovalis (Gelenkinnenhaut), die im weiteren Verlauf auch auf die umliegenden Knochen und Sehnen übergreift (siehe Seite 54; Aufbau der Gelenke).

Nach und nach breitet sie sich im ganzen Körper aus und befällt immer mehr Gelenke. Durch die Entzündung wird u. a. die Produktion von Gelenkschmiere beeinträchtigt, der Knorpel wird nicht mehr ausreichend ernährt und allmählich zerstört, wobei die Destruktion auch auf das Knochengewebe übergreift. Das degenerierte Knorpelgewebe wird von den T-Zellen des Immunsystems als körperfremd klassifiziert, was wiederum Makrophagen aktiviert, die den Knorpel weiter abbauen. Im Endstadium der RA ist das Gelenk schwer geschädigt und kann fast nicht mehr bewegt werden. Oft hilft dann nur noch eine Operation.

Man nimmt an, dass zu Beginn einer rheumatoiden Arthritis eine »normale« Entzündung steht, die etwa durch eine Sportverletzung, eingedrungene Viren oder Bakterien hervorgerufen wird. Diese Entzündung heilt aber nicht vollständig aus, vielmehr wandelt sich körpereigenes Gewebe in vom Körper als fremd empfundenes Gewebe um. Abgelagerte, gewebsständige Immunkomplexe können dann überaktive Fresszellen dazu anregen, körpereigenes Gewebe zu zerstören. In manchen Fällen treten so genannte Rheumafaktoren (besondere IgM-Antikörper) auf, die sich an abgelagerte Immunkomplexe des Gewebes anheften können. Sie können in der Folge die Kaskade des Komplementsystems aktivieren und dadurch eine Zerstörung von Gewebsstrukturen auslösen. Rheumafaktoren tauchen aber nicht bei jeder rheumatoiden Arthritis (RA) auf und lassen sich im Anfangsstadium nicht nachweisen.

Die schulmedizinische Basistherapie

Nach dem heutigen Stand der Kenntnisse gibt es keine Möglichkeit, die chronische Polyarthritis vollständig zu heilen. Die Therapie zielt darauf ab, die Symptome zu lindern (Schmerzen, Schwellungen, Steifheit). Neben allgemeinen Maßnahmen wie Diät, Beseitigung von chronischen Entzündungsherden, Physiotherapie (Gymnastik, Bäder) hat sich eine medikamentöse »Basistherapie« etabliert. Diese ist in ihrer Wirkung eigentlich nicht vollständig erklärbar. Es handelt sich hierbei um das Antimalariamittel Chloroquin, das Penicillamin (ein Mittel gegen Vergiftungen mit Schwermetallen) und einige Goldpräparate. Alle drei haben z. T. beträchtliche Nebenwirkungen, während ihre Heileigenschaften nicht sonderlich zufrieden stellend sind. Offensichtlich wirken sie zudem nur, wenn die RA früh genug erkannt wird, was selten genug der Fall ist.

Zur Basistherapie gehören des Weiteren Medikamente, welche die Entzündungsprozesse unterdrücken (so genannte nichtsteroidale = nicht-kortisonhaltige Antirheumatika wie Diclofenac) und Kortisonpräparate. Zu letzteren beiden heißt es in einer Stellungnahme der WHO (Weltgesundsheitsorganisation), dass sie als Dauerbehandlung wegen ihrer schweren Nebenwirkungen nicht zu empfehlen seien. Sie sollten ohnehin nicht länger als einige Wochen eingenommen werden – was aber bei der chronischen Polyarthritis, die eine jahrelange Behandlung erfordert, ein Unding ist. Deshalb müssen die Patienten fortlaufend ärztlich überwacht werden, um die gefährlichen Nebenwirkungen dieser Mittel zu kontrollieren.

Immunsuppressiva wie das Methotrexat sollen schließlich die selbstzerstörerische Aktivität des Immunsystems unterdrücken. Sie unterdrücken natürlich nicht nur diese selbstzerstörerische Aktivität, sondern das Immunsystem insgesamt, was den Menschen anfällig für andere schwere Erkrankungen macht.

Enzyme sind eine Alternative

Der Rheumatologe *Prof. K. Miehlke* sagte deshalb, dass die Basismedikamente mit einem »kalkulierten Risiko« behaftet seien. Sie seien gekoppelt mit »erheblichen, gelegentlich sogar letalen (tödlichen) Nebenwirkungen.« Es sieht also, so scheint es, für die betroffenen Patienten desaströs aus. Mit den Basistherapeutika treibt man nur den Teufel mit dem Beelzebub aus.

Schon seit längerem fordern Experten bei der cP-Behandlung deshalb ein Umdenken und versuchen, die Risiken mit dem gleichzeitigen oder alternativen Einsatz von Enzymgemischen zu vermindern. Enzyme tragen nachweislich dazu bei, Immunkomplexe rechtzeitig aufzulösen und die Aktivität der T-Zellen zu regulieren. Bei Patienten mit einer schweren RA empfiehlt z. B. *Prof. K. Miehlke* eine Kombination aus Basistherapie und Enzymtherapie, in weniger schweren Fällen hält er eine alleinige Enzymtherapie für ausreichend.

Zusätzlich zu ihren immunmodulierenden Eigenschaften beeinflussen die Enzyme zudem den Entzündungsverlauf, was sich auch bei der RA segensreich auswirkt.

Schon 1985 behandelte man Patienten, die auf keine der Basistherapien ansprachen, mit proteolytischen Enzymen. Man überprüfte die Behandlung dadurch, dass man die Zahl der Immunkomplexe im Serum maß. Bei den Patienten, die hohe Immunkomplexspiegel aufwiesen, sanken diese durch die Enzymtherapie deutlich ab. Dies ging einher mit einer Abnahme der Beschwerden und Besserung des Befindens.

Dr. W. Kullich verglich 1995 bei 50 Patienten einer Reha-Klinik die Effekte einer Behandlung mit Gold gegenüber einer Therapie mit Enzymen. Die Untersuchung erstreckte sich über 12 Monate. Bei den Patienten, die Enzyme erhalten hatten, ließ sich nach einem Jahr feststellen, dass bei ihnen die Zahl der Immunkomplexe abnahm. Gold wirkte sich hingegen nicht auf die Immunkomplexe aus. Auch bei anderen immunologischen Hinweiszeichen (»Markern«) für eine RA wie dem Interleukin-2-Rezeptor (ein Botenstoff, der auf Entzündungsvorgänge hinweist) und einem bestimmten Kollagen-Typ ließ sich die Wirkung von Enzymen nachweisen.

Interessant ist in diesem Zusammenhang auch eine Untersuchung, die an Mäusen durchgeführt wurde. Man kann bei Mäusen eine rheumatoide Arthritis künstlich hervorrufen. Erhielten die Mäuse nun ein Enzymgemisch, wurde in den erkrankten Gelenken eine Knorpeldicke von durchschnittlich 630 µm gemessen. Erhielten die Mäuse Ibuprofen, ein antientzündlich wirkendes Medikament, betrug die Knorpeldicke nur 380 µm. Gesunde Tiere wiesen hier Werte von 720 µm auf, unbehandelte kranke Tiere nur im Durchschnitt 290 µm.

Eine Arbeitsgruppe im russischen St. Petersburg testete an RA-Patienten verschiedene Kombinationstherapien aus Basismedikamenten, die zum einen mit Wobenzym, zum anderen ohne Wobenzym verabreicht wurden. Bei den Patienten, die zusätzlich auch Enzyme erhielten, nahmen die Beschwerden wie Morgensteifigkeit, Schwellung und Schmerz schneller und stärker ab als in der Vergleichsgruppe. Im Labor konnte man einen hochsignifikanten Rückgang der entzündlichen Prozesse nachweisen. Bei beiden Gruppen nahm die Zahl der zirkulierenden Immunkomplexe ab, bei den Patienten, die zusätzlich Enzyme bekommen hatten, aber wesentlich stärker.

Multiple Sklerose

Die Ursachen der Multiplen Sklerose (abgekürzt MS) sind bis heute nicht genau bekannt. Man nimmt jedoch ziemlich sicher an, dass es sich um eine Autoimmunerkrankung handelt, die teilweise vererbt wird, teilweise durch Umweltbelastungen ausgelöst wird. Irgendetwas bringt das Immunsystem dazu, körpereigenes Gewebe – hier das Nervengewebe – anzugreifen. Die MS ist relativ häufig, in den gemäßigten Breiten tritt sie bei einer von 1000 Personen auf. (In den Tropen ist MS interessanterweise wesentlich seltener). In Deutschland sind ungefähr 80 000 bis 100 000 Menschen an MS erkrankt, Frauen häufiger als Männer.

Die Erkrankung belastet die Patienten stark, insbesondere auch, weil sie in schweren Fällen zu einer dauerhaften Behinderung und einem frühen Tod führen kann. In den letzten Jahren ist es aber gelungen, die Lebenserwartung von MS-Patienten fast auf das Niveau der gesunden Bevölkerung anzuheben und die Beschwerden besser als früher zu beherrschen.

Was ist Multiple Sklerose?

Die MS ist eine Erkrankung des zentralen Nervensystems, das heißt des Rückenmarks und Gehirns. Sie schreitet meist langsam fort, in ihrem Verlauf kommt es zu Symptomen wie Empfindungsstörungen und Lähmungen. Die Schwere der Erkrankung schwankt beträchtlich von einem Patienten zum anderen, aber auch bei ein und demselben Patienten über die Zeit. Phasen von schwerster Beeinträchtigung können durch Phasen abgelöst werden, in denen der Erkrankte nahezu beschwerdefrei ist.

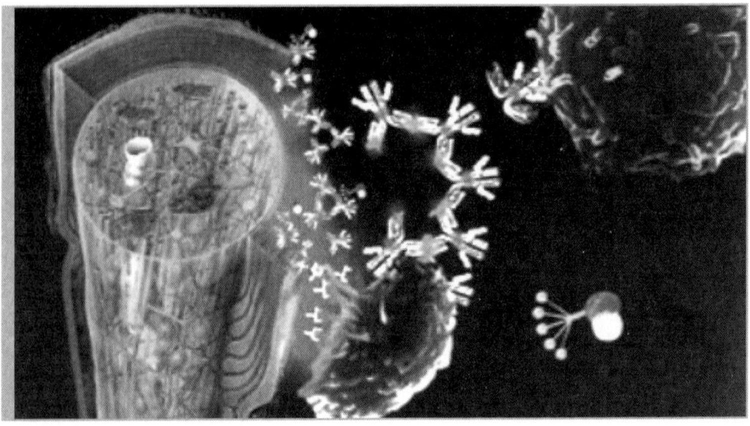

Nervenfaser mit Myelinscheide (normal, bei MS)

Durch die MS kommt es zu Veränderungen an den Nervenbahnen der weißen Substanz des Rückenmarks und des Gehirns. Die Nervenbahnen sind normalerweise von einer fett- und eiweißhaltigen Hülle (Myelinscheide) umgeben, die notwendig ist, um den Nerv zu isolieren und die elektrischen Impulse zu leiten. Bei der MS wird das Myelin durch T-Zellen des Immunsystems angegriffen und zerstört. Die Nervenbahnen verlieren dadurch ihre Leitfähigkeit. Impulse, die vom Gehirn bzw. Rückenmark ausgesandt werden, erreichen nicht mehr die Peripherie, d. h. etwa die Gliedmaßen, die Augen oder die Harnblase.

Die Störungen der Reizleitung verursachen verschiedene Beschwerden, je nachdem, welcher Bereich des Rückenmarks oder Gehirns betroffen ist:

Werden die sensorischen Nervenbahnen befallen, führt dies zu Empfindungsstörungen (Taubheitsgefühl, Kribbeln) an den Beinen und Armen.

Eine Entmarkung der langen motorischen Nervenbahnen im Rückenmark oder Gehirn führt zu Gangstörungen. Die Betroffenen brauchen Gehhilfen oder sind sogar auf den Rollstuhl angewiesen.

In schweren, fortgeschritten Fällen ist die Funktion des Schließmuskels gestört mit der Folge von Inkontinenz.

MS setzt meist im jungen Erwachsenenalter ein. Die Erkrankung verläuft oft in Schüben, wobei sie sich höchst unterschiedlich entwickeln kann: Sie kann über Jahrzehnte sehr gutartig mit nur geringen Beschwerden und sehr großen Abständen zwischen den Schüben auftreten; sie kann aber auch aggressiver sein und schneller zu bleibenden Schäden führen.

Multiple Sklerose mit Enzymen behandeln

Auch *Professor Max Wolf* behandelte schon einige MS-Kranke erfolgreich mit seinem Enzymgemisch. Er nahm an, dass MS eine Viruserkrankung sei (die Rolle von Viren als Mitauslöser wird in der Tat noch heute diskutiert) und dass die Enzyme die Fähigkeit von Viren, sich in Wirtszellen einzunisten, zerstören.

Als die Pionierin der Behandlung der MS mit der systemischen Enzymtherapie gilt die österreichische Ärztin Frau *Dr. Ch. Neuhofer.* Selbst an MS erkrankt, begann sie vor etwa 25 Jahren, sich mit der Enzymtherapie zur Therapie der MS zu beschäftigen. In der Betreuung von Hunderten Patienten mit MS konnte sie wertvolle Erfahrungen sammeln, die sie auch veröffentlichte und auf wissenschaftlichen Tagungen vorstellte. Bis 1989 hatte sie mehr als 350 MS-Kranke nach einem von ihr entwickelten Schema behandelt oder ließ sie von Kollegen danach therapieren. Zum einen empfahl sie den Patienten eine Diät, die auf einer Vollwertkost mit einem hohen Anteil an Rohkost sowie ungesättigten Fettsäuren basiert und reich ist an Vitaminen, Mineralstoffen und Spurenelementen. Ansonsten erhielten die Patienten als Medikation nur das Wobe-Enzymgemisch, wobei die Dosierung auf jeden einzelnen Patienten individuell abgestimmt wurde. Dies ist notwendig, denn die MS verläuft bei jedem Menschen anders.

Sehr wichtig dafür, ob die Enzymtherapie erfolgreich war, erwies sich die Vorbehandlung der Patienten, insbesondere ob sie vorher mit Medikamenten, die das Immunsystem unterdrücken (Immunsuppressiva wie z. B. Azathioprin) therapiert worden waren.

Frau *Dr. Neuhofer* stellte die Ergebnisse von 107 ihrer MS-Patienten vor, die an einer chronisch verlaufenden MS litten (eine Form ohne ausgeprägte Schübe). Bei 45 Patienten konnte sie eine deutliche Verbesserung des Zustandes erreichen, bei weiteren 26 Patienten konnte zumindest ein weiteres Fortschreiten der MS verhindert werden. 24 Patienten brachen die Behandlung ab, weil die Krankenkassen dafür nicht die Kosten übernahmen. Eine Verschlechterung der Erkrankung trat lediglich bei 12 Patienten auf. Diese waren ausnahmslos, bevor sie zu *Dr. Neuhofer* kamen, über eine lange Zeit mit Azathioprin vorbehandelt worden.

43 Patienten, von denen die Ärztin die Behandlung dokumentierte, litten an einer schubartig verlaufenden MS. Hier konnte sie mit der Enzymtherapie bei 35 von ihnen eine deutliche Verbesserung bewirken, bei den restlichen acht Patienten blieb der Zustand stabil. Eine Verschlimmerung trat bei keinem einzigen der Patienten ein. Bei einem akuten Schub ist es wichtig, dass die Enzymtherapie sofort einsetzt. Wartet man nur ein bis zwei Tage ab, ist der Schub kaum noch zu bremsen. Die Behandlung erfolgt dann für mindestens eine Woche mit hochdosiertem Enzymgemisch, welches dann nach und nach auf eine niedrigere »Erhaltungsdosis« reduziert wird. Auch eine Kombination der Enzyme mit kortisonhaltigen Medikamenten ist möglich. Der große Vorteil der Enzymtherapie, so *Dr. Neuhofer,* liegt darin, dass es zu keiner Gewöhnung kommt und man, wenn es nötig ist, sofort mit einer Dosiserhöhung reagieren kann.

Ein weiterer Vorteil liegt darin, dass man auch vorbeugend therapieren kann. Es sind schubauslösende Belastungen bekannt wie etwa Grippeinfektionen, Stress, anstehende Operationen, Impfungen oder auch Klimaveränderungen bei Urlaubsreisen. Hier verhindert eine rechtzeitige Enzymgabe, dass die Belastungen einen erneuten MS-Schub auslösen.

Verläuft die MS eher chronisch, empfiehlt *Dr. Neuhofer,* die Enzymgaben allmählich zu steigern, denn bei einer zu hohen Anfangsdosis kann es zu einer Verstärkung der Symptome kommen. Eine Kombination der Enzyme mit einem Zytostatikum (ein Medikament, welches die Zellteilungsrate herabsetzt wie z. B. Methotrexat) ist nach ihren Erfahrungen unproblematisch.

Die Arbeiten von Frau *Dr. Neuhofer* regten verschiedene Studien an, um die beobachtete gute Wirkung der

Enzymtherapie bei MS zu überprüfen und zu erklären.

So untersuchte *Dr. Ulf Baumhackl* (St. Pölten/Österreich) bei 61 MS-Patienten, die an einer schubförmigen, nicht chronischen Form der MS erkrankt waren, die Wirkung einer Behandlung mit dreimal täglich zehn Dragees Wobenzym 14 Tage bei einem akuten Schub und einer daran anschließenden Dauermedikation von dreimal täglich drei Dragees, die zwei Jahre lang erfolgte.

Man verglich nun das Befinden dieser Patienten mit einer Gruppe anderer MS-Kranker, die mit Azathioprin behandelt wurden. Hierzu muss zunächst einmal festgestellt werden, dass Azathioprin nicht in der Schwangerschaft und Stillzeit und bei Leber- und Nierenschädigungen eingenommen werden darf – Gegenanzeigen (Kontraindikationen), die es für Enzyme in der Ausschließlichkeit nicht gibt. Des Weiteren kann Azathioprin erhebliche Nebenwirkungen haben wie Magenbeschwerden, Störungen der Blutbildung, Entzündung der Leber (Hepatitis) und Gallenstauung (Cholestase). Muss Azathioprin über Jahre eingenommen werden, ist nicht auszuschließen, dass das Krebsrisiko ansteigt.

Zuammengefasst zeigte sich, dass die Effekte der Enzymtherapie auf die Erkrankung gleich gut waren wie die der Azathioprin-Behandlung, sogar mit leichten Vorteilen für die Enzymtherapie.

Der Hauptunterschied ergab sich – wie so oft – bei der Verträglichkeit. Die Enzyme wurden sehr gut bis gut vertragen, das chemische Präparat hingegen nur mäßig bis schlecht.

Eine weitere Studie wurde von *Prof. Hana Krejcová* in Prag durchgeführt. Sie verglich bei 40 MS-Patienten die Enzymtherapie mit der Behandlung mit Kortison (Methylprednisolon und ACTH). Die Resultate dieser Untersuchung fielen sehr deutlich zu Gunsten der Enzymtherapie aus: Die Enzymtherapie wirkte besser in Bezug auf die Krankheitsymptome wie Gangstörungen, Müdigkeit, die Lebensqualität (z. B. sich selbstständig ankleiden können) und die Arbeitsfähigkeit. Die Patienten mussten seltener und kürzer ins Krankenhaus (Enzyme: durchschnittlich 25,7 Tage, Kortison: durchschnittlich 60,7 Tage), und sie hatten seltener und kürzere Krankheitsschübe. Folgerichtig beurteilten sowohl die Patienten als auch die behandelnden Ärzte die Enzymtherapie insgesamt als signifikant positiver, wozu auch wieder die sehr gute Verträglichkeit beitrug.

Auch *Dr. Ulf Baumhackel* verglich die Enzymtherapie (47 Patienten) mit der Kortisonbehandlung (neun Patienten) und kam zu ähnlichen, wenn auch nicht ganz so deutlichen Ergebnissen.

Ist die MS eine Immunkomplex-Krankheit?

Die Multiple Sklerose wird weithin zu den Autoimmunerkrankungen gezählt, bei der Immunkomplexe zumindest – neben anderen Faktoren – eine gewisse Rolle spielen. So fand man im Blutplasma von MS-Kranken ungewöhnlich hohe Immunkomplex-Spiegel – weltweit bestätigten dies Ergebnisse aus den USA, Deutschland, Griechenland oder Tschechien. Durch Einflüsse, die noch nicht näher erforscht sind, werden autoreaktive T-Zellen aktiviert, die das Myelin des Nervengewebes angreifen und zerstören können. In der Folge bilden B-Lymphozyten Antikörper gegen das Myelin bzw. die Komponente basisches Myelin-Protein (MBP). Es können Immunkomplexe entstehen, die den Prozess weiter hochschaukeln.

Es entsteht eine Ansammlung von Antikörper-Antigen-Verbindungen, also Immunkomplexen, welche die Komplementkaskade alarmieren. Fresszellen werden herbeigerufen und vernichten nun das durch Antikörper markierte MBP, wobei das gesamte Myelin geschädigt wird. Im Tierversuch konnte man MS künstlich auslösen und fand dann tatsächlich im Blut der Tiere eine stark erhöhte Anzahl von MBP-spezifischen T-Zellen. Behandelte man die Tiere mit einem Enzymgemisch (Phlogenzym), nahm die Zahl dieser autoaggressiven T-Zellen um über die Hälfte ab. Man nimmt an, dass die proteolytischen (eiweißspaltenden) Enzyme die Adhäsionsmoleküle der T-Zellen herunterregulieren. Es erfolgt also keine allgemeine Unterdrückung der Aktivität des Immunsystems mit der Gefahr von erheblichen Nebenwirkungen, sondern »lediglich« eine Dämpfung von überschießenden Reaktionen.

Warum gehören Enzyme noch nicht zur Standardtherapie der MS?

Die Schulmedizin geht davon aus, das man eine Erkrankung nur ursächlich behandeln kann, wenn man ihre Ursachen auch wirklich zweifelsfrei erforscht hat. Dies ist bislang weder bei der MS noch auch bei der chronischen Polyarthritis (»Rheuma«) gelungen. Also beschränkt man sich lieber auf eine Therapie, welche zwar im Wesentlichen nur die Symptome der Erkrankung lindert, in dieser Eigenschaft aber als empirisch überprüft gilt.

Die Zulassung von Arzneimitteln für die Behandlung von Erkrankungen ist in Deutschland (wie auch in ganz Europa und den USA) sehr streng geregelt. Bis ein Medikament »zugelassen«, also vom Arzt verordnet und auch von den Kassen erstattet werden darf, muss es in aufwändigen, sehr teuren Studien an Tausenden von Patienten überprüft werden. Solche Studien können heutzutage nur noch große internationale Pharmakonzerne oder staatliche Forschungsinstitute finanzieren. Aber auch nach erfolgreichen Studien dauert es wieder seine Zeit, bis ein neues Medikament dann von Fachgesellschaften als Empfehlung für die Therapie-Richtlinien aufgenommen wird. Oft leider zu viel Zeit für die betroffenen Patientinnen und Patienten.

Enzyme in der Krebstherapie

In einer Gesellschaft, die viele der klassischen Infektionskrankheiten besiegt hat, bleibt das unkontrollierte Wachstum körpereigener Zellen als eine Bedrohung für das Leben übrig. Krebs ist – nach den Herz-Kreislauf-Erkrankungen – die zweithäufigste Todesursache. In Deutschland erkranken jährlich 380 000 Patienten neu an Krebs. Man erwartet für einige Industrieländer, dass Krebs in zehn Jahren die häufigste Todesursache sein wird. Denn je älter die Bevölkerung wird, um so häufiger treten bösartige Tumorerkrankungen auf. Mit zunehmendem Alter steigt nämlich das Risiko, dass Zellen maligne entarten, gleichzeitig verliert das Immunsystem an Kraft.

Die weit verbreitete Angst vor Krebs liegt darin begründet, dass er immer noch als unheilbar gilt und mit Leiden und Siechtum verbunden wird. Die Nebenwirkungen der aggressiven Turmorbehandlung der Schulmedizin von »Stahl, Strahl und Chemie« (Operation, Bestrahlung, Chemotherapie) sind fast genauso gefürchtet wie die Erkrankung selbst – dies sicher auch deshalb, weil die Prognose ungewiss bleibt. Das schlechte Image der Schulmedizin gerade bei der Krebstherapie hat auch damit zu tun, dass sich die Patienten von den – mit Diensten überlasteten und dafür nicht ausgebildeten – Ärzten psychologisch-menschlich meist nicht gut betreut fühlen.

Krebs ist kein Todesurteil

Die Lage ist jedoch besser als sie scheint. Heutzutage kann ungefähr die Hälfte der Krebserkrankungen vollständig geheilt werden. Das heißt, die Krebserkrankung ist hier nicht lebensverkürzend. Bei manchen Krebsarten, wie etwa der Leukämie, die im Kindesalter auftritt, liegt die Heilungsquote sogar bei 90 Prozent. Auch die Behandlungsmethoden sind weniger aggressiv als früher: Bei Brustkrebs ist es oft möglich, brusterhaltend zu operieren, die radioaktiven Strahlen können schonender dosiert werden, neu entwickelte Zytostatika und auch bessere Erfahrungen mit der Dosierung weisen weniger dramatische Nebenwirkungen auf. Trotzdem: Eine längerfristige Überlebenschance von global 50:50 kann niemanden zufrieden stellen. Selbst bei AIDS, das erst seit knapp 25 Jahren bekannt ist, liegen die Überlebensraten inzwischen höher als bei bestimmten Krebsarten, die wir seit Menschengedenken kennen.

Kritiker – auch aus den Reihen der Schulmedizin – müssen deshalb feststellen, dass – bei allen Teilerfolgen – in den letzten Jahrzehnten bei der Krebstherapie keine grundlegenden Fortschritte erzielt werden konnten. Man weiß zwar viel mehr insbesondere über die Bedeutung des Immunsystems wie auch von Schadstoffen (Kanzerogenen) für die Entstehung von Krebs, konnte dieses Wissen bislang jedoch nicht in bahnbrechende Früherkennungs- und Behandlungserfolge umsetzen. So schreibt z. B. *Prof. K. S. Zänker* vom Institut für Immunologie der Universität Witten/Herdecke, dass der geringe Fortschritt bei der Behandlung der Krebserkrankungen in keinem Verhältnis zu den Fortschritten stehe, die man in jüngerer Zeit beim Verständnis der biologischen Vorgänge bei Krebs gemacht hat.

Im Jahr 2001 befasste sich ein ganzer Sonderband der Zeitschrift »Cancer, Chemotherapy and Pharmacology« (Springer Verlag) mit den Möglichkeiten der Enzymtherapie in der Onkologie. In einem Vorwort dazu bewertet *Zänker* die Ergebnisse der Enzymtherapie als vielversprechend und fordert, ihre Integration in die konventionelle Krebsbehandlung zu diskutieren.

Hat ein Tumor erst einmal eine bestimmte Größe erreicht, helfen nur brachiale Methoden:

- Die Krebsgeschwulst muss großräumig operativ entfernt werden.
- Das Operationsgebiet bzw. Tumoren, die nicht operabel sind, werden einer radioaktiven Bestrahlung unterzogen. Die Strahlen zerstören Tumorzellen, aber auch gesundes Gewebe.
- Um auch Krebszellen zu vernichten, die bereits in den Körper gestreut haben, gibt man Medikamente, die Zellgifte enthalten (Chemotherapie mit Zytostatika). Die Zellgifte belasten den Körper insgesamt sehr stark.

Radiotherapie und Chemotherapie schwächen das bei Krebspatienten ohnehin schon angegriffene Immunsystem noch mehr. Dies ist ein besonderes Problem, denn um das Fortschreiten der Erkrankung, d. h. die Gefahr, dass Tochtergeschwulste (Metastasen) entstehen, zu bannen, ist ein gut funktionierendes Immunsystem das A und O.

Krebs und Immunsystem

Krebs ist keine – wie etwa eine Lungenentzündung – »schlagartig« und plötzlich einsetzende Erkrankung. Vielmehr ist es so, dass von Geburt an im Körper im Zuge der billionenfachen Zellteilungen auch immer »entartete« Zellen entstehen. Diese werden von unserem Immunsystem normalerweise erkannt und vernichtet, bevor sie Schaden anrichten können.

So sind dem – äußerst interessanten – Buch von *Herbert Kappauf* über Spontanheilungen bei Krebs* folgende Beispiele zu entnehmen:

---

* Kappauf H (2003) Wunder sind möglich. Spontanheilung bei Krebs. Herder-Verlag, München

Neuroblastome sind die häufigsten bösartigen Geschwulsterkrankungen bei Kindern, es erkranken daran jährlich ein bis zwei von 100 000 Kindern. Befallen ist v. a. die Nebennierenrinde. Werden Neuroblastome frühzeitig erkannt, sind die Heilungsaussichten sehr gut.

Die entarteten Neuroblastomzellen, so fand man heraus, sondern Stoffe ab, die man im Blut nachweisen kann (so genannte Tumormarker). Einer davon ist Vanillinmandelsäure (VMS), die über die Nieren ausgeschieden wird. In der Hoffnung, Neuroblastome bei Kleinkindern möglichst früh zu entdecken und effektiv behandeln zu können, wurden in Europa und v.a. in Deutschland in den letzten 20 Jahren bei Millionen von Säuglingen und Kleinkindern Früherkennungsprogramme durchgeführt.

Ein so genannter »Windeltest« überprüfte den Urin der Kinder auf VMS. *Herbert Kappauf* berichtet nun: »In den Regionen, in denen diese Untersuchungen durchgeführt wurden, erhöhte sich dadurch die Neuroblastomhäufigkeit auf das Zwei- bis Dreifache, ohne dass sich die Sterblichkeit an diesen Tumoren änderte. Somit ist offensichtlich, dass etwa zwei Drittel der (durch den VMS-Test) diagnostizierten Neuroblastome später zu keiner Krankheit führen, sondern sich spontan zurückbilden.«

Was nichts anderes bedeutet, als dass die Selbstheilungskräfte des Körpers hier zwei Drittel der Tumorzellen vernichten, bevor sie den Organismus schädigen.

Beim Prostatakrebs fand man bei Reihenuntersuchungen an Männern, die in ihrem fünften Lebensjahrzehnt an anderen Todesursachen als Krebs verstorben waren, bei bis zu 34% der Betroffenen Krebszellen in der Prostata, obwohl das Risiko von Männern, bis zu ihrem 80. Lebensjahr überhaupt an Prostatakrebs zu erkranken, nur bei 6% liegt.

Auch beim Brustkrebs der Frau gibt es ähnliche Zahlen: »nur« bei 30–50% von Frauen, bei denen bestimmte Krebs-Vorläuferzellen gefunden werden, entwickelt sich später tatsächlich ein bösartiger Brustkrebs.

Die Geschichte der enzymatischen Krebstherapie

Bereits Anfang des 20. Jahrhunderts erzielte der schottische Embryologe *John Beard* erstaunliche Erfolge bei der Behandlung von Krebs. Er injizierte Krebspatienten frische Pankreas-Enzyme, die er aus den Bauchspeicheldrüsen neugeborener Lämmer, Ferkel und Kälber gewonnen hatte. 1911 veröffentlichte *Beard* eine Sammlung seiner Arbeitsergebnisse unter dem Titel: »Die Enzymtherapie bei Krebs«.

Als man seine Methode jedoch unter Laborbedingungen überprüfen wollte, erwies sie sich als anscheinend doch nicht wirksam. Was die Forscher damals nicht wussten: Die Extrakte aus Pankreaszellen wirkten nur, wenn sie ganz frisch waren, denn die in ihnen enthaltenen Enzyme zersetzen sich ziemlich schnell. Das war für *Beard* kein Problem, eine »Farm« befand sich direkt bei seiner Praxis. Bei den späteren Untersuchungen transportierte man jedoch die Extrakte ins Labor – die Enzyme verloren ihre Wirksamkeit.

Einen weiteren Meilenstein in der enzymatischen Krebstherapie setzten *Freund* und *Kaminer*. Sie mischten im Reagenzglas Krebszellen mit dem Blut gesunder Menschen und stellten fest, dass sich die Krebszellen auflösten. Gaben sie jedoch Blutproben von an Krebs erkrankten Patienten zu den Krebszellen, passierte nichts. *Freund* und *Kaminer* vermuteten, dass im Blut von Krebskranken ein »blocking factor« (blockierender, hemmender Faktor) vorhanden sei, der verhindere, dass die Krebszellen angegriffen werden. Woraus dieser Faktor aber bestand, blieb vorerst im Dunkeln.

Die Krebstherapie mit Enzymen geriet zunächst in Vergessenheit und wurde erst Jahrzehnte nach *John Beards* Veröffentlichung wieder entdeckt – hier maßgeblich durch *Max Wolf* (siehe Seite 24). Dieser beschäftigte sich weiter mit den Experimenten von *Freund* und *Kaminer* und stellte fest, dass es proteolytische Enzyme im Blut sind, die die Krebszellen auflösen können. Zusammen mit *Karl Ransberger* testete *Wolf* zahlreiche verschiedene Enzyme auf ihre Wirksamkeit. Er fand heraus, dass eine Kombination aus tierischen und pflanzlichen Enzymen die besten Effekte erzielte; sie wurde zur Grundlage des Präparates Wobe-Mugos, das heute bei der komplementären (zusätzlichen) Krebstherapie erfolgreich eingesetzt wird.

Enzyme in der Krebstherapie (Wobe-Mugos)

Eine magensaftresistenteTablette enthält:

Papain (Papaya)	100 mg
Trypsin (Pankreas)	40 mg
Chymotrypsin (Pankreas)	40 mg

Anwendung: Langzeitbehandlung bei Tumoren, Zusatzbehandlung während der Strahlentherapie, Metastasenprophylaxe, Unterstützung bei Entzündungen und Virusinfektionen (z. B. Herpes zoster)
Nebenwirkungen: Selten allergische Reaktionen
Dosierung: Tumorpatienten: täglich dreimal vier Tabletten. Metastasenprophylaxe: im ersten Jahr nach der Behandlung des Primärtumors einmal monatlich, im zweiten Jahr jeden zweiten Monat, im dritten Jahr jeden dritten Monat usw. jeweils eine Woche lang täglich eine Tablette einnehmen.
Viruserkrankungen: dreimal fünf Tabletten täglich.
(aus der Roten Liste 2003)

Enzyme: Wertvolle Helfer bei der Therapie von Krebserkrankungen

Für die systemische Enzymtherapie bei Krebserkrankungen ergeben sich heute zwei große Indikationsgebiete:

- Da Enzyme die Entzündungsreaktion beeinflussen und auf diese Weise bei Verletzungen abschwellend und schmerzstillend wirken, setzt man sie ein als Begleitbehandlung nach Operationen und bei der Strahlen- und Chemotherapie ein. Enzyme mildern die gefürchteten Nebenwirkungen dieser aggressiven Therapien und erhöhen damit die Lebensqualität der Patienten.
- Enzyme unterstützen das Immunsystem dabei, Krebszellen aus eigener Kraft zu bekämpfen. Sie beugen deshalb der Entstehung von Metastasen vor und erhöhen die Überlebenszeit.

Beide Wirksamkeitsbereiche der Enzymtherapie sind in vielen wissenschaftlichen Untersuchungen belegt worden.

Enzyme lindern die Folgen von Chemo- und Strahlentherapie sowie von Operationen

Fast genauso wie die Erkrankung selber fürchten viele Patienten die belastenden Folgen der Chemotherapie und der Bestrahlung: Entzündungen, Übelkeit, Erbrechen, Gewichtsverlust, Haarausfall, um nur einige zu nennen. Manche Patienten würden aus Angst vor den Nebenwirkungen am liebsten auf Chemo- und Strahlentherapie verzichten – allerdings führt meist kein Weg daran vorbei, will man wirklich die Überlebenschancen des Erkrankten sichern. Als zusätzliche, ergänzende Medikation bei der Krebstherapie sind Enzymkombinationen außerordentlich segensreich, denn sie lindern die negativen Folgen der Chemotherapie und der Strahlentherapie. Auch Komplikationen der Operationen werden durch eine Gabe von Enzymen verhindert. Denn die Strahlen- und Chemotherapie sowie Operationen setzen nämlich zunächst nichts anderes als Gewebeverletzungen, auf die der Körper mit einer Entzündungsreaktion reagiert. Weil es in unserem Körper Enzyme sind, die die Bewältigung einer Entzündung optimieren (siehe Seite 47), ist es eigentlich nur folgerichtig, dass die Gabe von zusätzlichen Enzymen unserem Körper bei einer derart aggressiven Therapie,

> Die Bildung von Metastasen ist ein sehr komplexer Vorgang. Man schätzt, dass sich weniger als 1% der Krebszellen, die über die Blutgefäße vom Primärtumor abwandern, in anderen Organen festsetzen und Tochtergeschwülste bilden. Offensichtlich können solche gestreuten Krebszellen über Jahre und Jahrzehnte unauffällig bleiben und sozusagen »schlafen«, bevor sie aktiviert werden und zu Tumoren heranwachsen.

wie sie die Krebserkrankungen leider erforderlich machen, beistehen.

Was passiert bei einer Chemo- oder Strahlentherapie?

Ziel beider Behandlungsformen ist es, Krebszellen zu zerstören. Sie werden nach einer Operation eingesetzt, um etwaige bereits abgewanderte Krebszellen zu vernichten, bevor diese zu Tochtergeschwülsten (Metastasen) heranwachsen. Manchmal ist ein Krebs auch inoperabel, weil lebenswichtige Organe betroffen sind oder aber, wie bei der Leukämie, er gar nicht auf ein Gebiet lokalisiert ist.

Beide Behandlungsarten schädigen und zerstören aber leider nicht nur Krebszellen, sondern auch gesundes Gewebe.

Strahlentherapie (Radiotherapie)

Bei der Strahlentherapie macht man sich zu Nutze, dass sich schnell teilende Zellen empfindlich auf radioaktive Strahlen reagieren. Heute setzt man in der Strahlentherapie nur noch einen Bruchteil der noch vor wenigen Jahrzehnten verwendeten Dosierung ein, was die Nebenwirkungen reduziert hat. Trotzdem zieht die Behandlung den Menschen sehr in Mitleidenschaft. Dies liegt zum einen daran, dass nicht nur Krebszellen sich schnell teilen, sondern gerade auch Immunzellen. Die Strahlentherapie schädigt also das Immunsystem und macht die Patienten insgesamt anfälliger für Infekte.

Die direkten Nebenwirkungen einer Radiotherapie bestehen darin, dass sich die Patienten erschöpft fühlen, an Übelkeit, Durchfällen und Erbrechen leiden, Hautentzündungen und Ödeme davontragen. Diese Nebenwirkungen werden mit Medikamenten behandelt, die ihrerseits den Patienten schwächen. Sie können so stark sein, dass die Behandlung unterbrochen werden muss, was die Gesamtbehandlungsdauer verlängert und sich sehr nachteilig auf den Heilungserfolg auswirken kann.

Viele Erfahrungen und weltweit durchgeführte wissenschaftliche Studien zeigen, dass bei einer zusätzlichen Behandlung mit Enzymen die unerwünschten Wirkungen einer Strahlentherapie deutlich geringer ausfallen. Die Lebensqualität der Patienten wird erheblich verbessert. Wegen der besseren Verträglichkeit ist eine höhere Strahlendosis möglich, was die Behandlungsdauer abkürzt.

Diese Effekte wurden bei der Therapie von Lungenkrebs, Brustkrebs, Tumoren im Kopf- und Halsbereich, Abdominalkarzinomen und Gebärmutterkrebs nachgewiesen. So verglich man beim Gebärmutterhalskrebs (Zervix-Karzinom), der zweithäufigsten Krebsart bei Frauen, bei 120 frisch operierten Frauen die Verträglichkeit der Strahlentherapie mit und ohne Zusatzbehandlung mit Enzymen.*

* Prakash SD et al (2001) Co-medication with hydrolytic enzymes in radiation therapy of uterine cervix: evidence of the reduction of acute side effects. Cancer, Chemotherapy and Pharmacology 47: 23–28

Beim fortgeschrittenen Zervix-Karzinom ist meist das gesamte Becken betroffen und muss mit hohen Dosen bestrahlt werden. Dies erhöht die Gefahr, dass auch Gewebe in den benachbarten Regionen zerstört wird, wobei Komplikationen meist in der Blase und im Enddarm auftreten. Die Strahlenschäden können auch dazu führen, dass die Patienten erst längere Zeit nach der Therapie an Blase oder Darm erkranken und dann daran u. U. versterben. Dies trifft ebenso auf Patienten mit Prostata-Krebs zu.

Die Folgen der Bestrahlung bei den 120 Patientinnen, die an der Studie teilnahmen, bestanden in Zerstörungen der Darm- und Vaginalschleimhaut, was sich in akuten Durchfällen und Entzündungen, Hautausschlag, Hautödemen und -geschwüren äußerte.

Die Patientinnen, die als Schutz zusätzlich Enzyme bekamen, litten erheblich seltener und weniger stark an diesen Beschwerden: siehe nachstehende Tabelle.

90 Prozent der mit Enzymen geschützten Patientinnen wiesen nur ganz leichte oder gar keine Symptome von Nebenwirkungen auf, wobei sich die Unterschiede in der Verträglichkeit der Strahlentherapie vor allem ab der 3. Behandlungswoche herauskristallisierten. Dieser Punkt ist wichtig, denn der kritische Punkt bei der Verträglichkeit der Radiotherapie beginnt erfahrungsgemäß ab der 2. bis 3. Woche.

Chemotherapie

In der Chemotherapie der Krebserkrankungen werden Zytostatika eingesetzt, die auf alle schnell wachsenden Zellen einwirken, indem sie sie abtöten oder zumindest das Wachstum hemmen. Dies gilt nicht nur für die Tumorzellen, sondern auch für die Schleimhäute (Mund, Darm, Atemwege), das Knochenmark, die Milz, Eierstöcke und Hoden und Haarwurzeln.

So verursacht z. B. das eingesetzte Zytostatikum Bleomycin u. a. Lungenfibrosen, d. h. Vernarbungen und Verdickungen des Lungengewebes. Gesundes Gewebe wird durch weniger funktionales Narbengewebe ersetzt.

Nebenwirkungen	Strahlentherapie alleine	Strahlentherapie und Enzyme
Urogenitale Symptome: Schmerzen, Blut im Urin, Harnverhalten	38,3 %	10,0 %
Durchfälle	31,6 %	11,7 %
Entzündungen der Vaginalschleimhaut	16,6 %	6,6 %
Nässende Hautekzeme	40,0 %	5,0%

Cisplatin, das u. a. in der Therapie von Eierstockkrebs sowie von Kopf- und Halstumoren eingesetzt wird, verursacht u. a. Schädigungen der Milz.

Carboplatin z. B. schädigt die Leber der Patienten.

Alle diese genannten Nebenwirkungen begrenzen die Dosis der Zytostatika, denn natürlich ist nichts gewonnen, wenn zwar der Krebs aufgehalten wird, aber der Patient oder die Patientin dann anderweitig schwer erkrankt.

Für eine ganze Reihe von Krebserkrankungen ließ sich bislang beweisen, dass auch die Chemotherapie unter dem Schutz einer Enzymtherapie erheblich besser vertragen wird.

So konnte man belegen, dass sich die schädlichen Auswirkungen des Bleomycins auf die Lunge durch eine Zusatztherapie mit Enzymen verhindern ließen. Dadurch konnte man die Dosis dieses Zytostatikums auf das Zwei- bis Dreifache erhöhen.

Gleiches gilt für die Leberschädlichkeit von Carboplatin.

Zusätzlich lassen sich – ähnlich wie bei der Strahlentherapie – auch die anderen, wenn zwar nicht lebensgefährlichen, aber doch höchst belastenden negativen Begleiterscheinungen der chemotherapeutischen Behandlung durch die Gabe von Enzymen in sehr hohem Maße lindern oder gar völlig ausschließen.

Was eine zusätzliche Enzymtherapie bewirkt

Bei Radiotherapie:
- Verminderung von Durchfällen
- Schutz vor Schleimhautentzündungen
- Hautentzündungen sind weniger heftig
- es müssen weniger Medikamente eingenommen werden, die die Folgen der Bestrahlung lindern
- es kann mit einer höheren Dosis bestrahlt werden

Bei Chemotherapie:
- Brechreiz, Übelkeit und Haarausfall werden vermindert
- der Appetit ist besser, einer starken Gewichtsabnahme wird vorgebeugt
- Schwächezustände und Depressionen sind seltener
- die toxischen Effekte einiger Chemotherapeutika bleiben aus
- die Dosis der Chemotherapeutika kann höher angesetzt werden

Bei Operationen:
- bessere und schnellere Wundheilung
- schnellere Abschwellung im Operationsgebiet
- weniger Komplikationen durch Entzündungen
- dadurch weniger Belastung durch Schmerzen

Operative Eingriffe

Wundheilungsstörungen und Ödeme (Wasseransammlungen im Gewebe) sprechen sehr gut auf eine Behandlung mit proteolytischen Enzymen an. So lässt sich das bei Brustamputationen früher sehr häufig auftretende schmerzhafte Armlymphödem durch die zusätzliche Gabe von Enzymen deutlich reduzieren. Die Wirkung der Enzyme beruht darauf, dass sie letztlich offenbar eine schnellere Neubahnung von durch die Operation durchtrennten Lymphgefäßen ermöglichen. Das in der Kombination enthaltene Flavonoid Rutin stabilisiert die Gefäßwände und verhindert so, dass sich neue Ödeme bilden.

An der Universitätsklinik Wien behandelte man Ende der 1990er Jahre 55 Patientinnen, die nach einer Brustkrebs-Operation an einem Lymphödem mit einer starken Anschwellung des Armes litten. Zusätzlich zu Krankengymnastik und manueller Lymphdrainage erhielt eine Hälfte der Patientinnen Diuretika (Entwässerungsmittel), die andere Hälfte wurde mit Enzymkombination (Wobenzym) behandelt. Die Therapie dauerte sieben Wochen, die Ergebnisse wurden genau protokolliert, u. a. wurde regelmäßig der Armumfang und die Hautfaltendicke gemessen.

Schon hier schnitten die Patientinnen, die Enzyme enthalten hatten, wesentlich und statistisch signifikant besser ab als die der Diuretika-Gruppe. Darüber hinaus waren die Frauen in der Wobenzym-Gruppe häufiger als die anderen zum Ende der Therapie schmerzfrei – Ergebnisse, so die Forscher, die eindeutig für die Enzymtherapie sprechen.

Enzyme verlängern die Überlebenszeit

Enzyme wirken bei der Krebstherapie jedoch nicht nur palliativ (= symptomlindernd) und bessern die Lebensqualität, sie wirken auch lebensverlängernd und beugen dem Entstehen von Metastasen vor.

Im Jahr 1991 untersuchte *O. von Rokitansky* (Wien) bei Patientinnen mit Brustkrebs (Mammakarzinom) die Anzahl von Rückfällen und die Überlebenszeit. Er verglich die Werte von 193 Patientinnen, die mit Enzymen behandelt worden waren, mit den bis dahin bekannten Überlebensraten von Patientinnen, die nicht zusätzlich Enzyme erhalten hatten.

Er zeigte sich, dass nach zehn Jahren noch 76,5% der Patientinnen aus der Enzym-Gruppe lebten, während bei den anderen Patientinnen nur noch, je nach Studie, 25 bis 50 Prozent am Leben waren. Dieses spektakuläre Ergebnis regte in der Folgezeit weitere Studien an. So kamen *Beuth* und Mitarbeiter (Köln) 2001 zu ähnlichen Ergebnissen, als sie 239 enzymtherapierte Patientinnen mit 410 nicht-enzymtherapierten Patientinnen verglichen.

Ähnlich gute Ergebnisse erhielt man auch für die Therapie des Darmkrebses, des Prostatakrebses und des multiplen Myeloms, einer bösartigen Wucherung von Knochenmarkzellen. Hier war das Sterblichkeitsrisiko um 50–60% vermindert.

Die Erfolge der Systemischen Enzymtherapie bei der Krebsbehandlung haben dazu geführt, dass die amerikanische Gesundheitsbehörde FDA dem Enzympräparat Wobe-Mugos 2001 den Status einer »Orphan Drug« für die Indikation des multiplen Myeloms zuerkannt hat. Das »Orphan Drug«-Programm der FDA hat zum Ziel, die Forschung, Entwicklung und Anerkennung von Medikamenten zu fördern, die relativ seltene Erkrankungen behandelbar machen.

Enzyme beeinflussen also offensichtlich die Metastasierungsprozesse und wirken sich wachstumshemmend auf den Primärtumor aus.

Warum wirken Enzyme lebensverlängernd?

Erst den neueren Erkenntnissen der Immunologie ist es zu verdanken, dass man die Wirkungsweise von proteolytischen Enzymen bei der Krebsbehandlung versteht. So konnte man erst in den 90er Jahren des letzten Jahrhunderts nachweisen, dass Papain, das Papayaenzym, das Wachstum von Tumorzellen und auch das Entstehen von Metastasen hemmt.

Von entscheidender Bedeutung für die Behandlung von Krebserkrankungen ist jedoch die Zusammenarbeit der Enzyme mit verschiedenen Teilen des Immunsystems.

Aus der Ärzte Zeitung vom 8.3. 2001:

Neue Daten zum Nutzen der Enzymtherapie

Als Wirkmechanismen der Enzymtherapie werden diskutiert:

- Im Blut von Krebskranken gibt es immunsupprimierende Komplexe aus Tumor-Antigenen und Antikörpern. In Experimenten wurde dieser »blocking factor« durch kleine Mengen an Proteasen beseitigt und das Abwehrsystem stimuliert.
- Die Antigene der Tumorzellen sind unter einer Fibrinhülle versteckt, und proteolytische Enzyme legen diese frei, sodass sie vom Abwehrsystem erkannt werden.
- Enzyme modulieren Oberflächenproteine, die das Anheften der Tumorzellen an das Endothel (Gewebe) erleichtern, wie das für die Metastasierung bedeutsame CD44.

Außer vielen Anwendungsbeobachtungen gibt es jetzt drei Kohortenanalysen, die eine Wirksamkeit der Enzyme nachweisen: beim Mammakarzinom, beim Kolonkarzinom (Darmkrebs) und beim Plasmozytom (multiples Myelom). Aufgrund dieser Analyse hat kürzlich ein Enzympräparat mit Papain, Trypsin und Chymotrypsin von der US-Zulassungsbehörde sogar den »Orphan-Drug-Status« für die Indikation Multiples Myelom erhalten *(run/frk)*.

Krebszellen haben Tarnmechanismen

Man nimmt heute an, dass die von *Freund* und *Kaminer* entdeckten »blocking factors« mit Immunkomplexen identisch sind. Sie entstehen, wenn das Immunsystem Krebszellen abtötet, und beruhen darauf, dass Krebszellen im Übermaß Antigene freisetzen. Dies ist einer der Tarnmechanismen von Krebszellen. Sie beschäftigen das Immunsystem quasi mit einem Übermaß an Immunkomplexen und lenken damit von sich ab.

Tatsächlich kann man im Blut von Krebskranken eine erhöhte Konzentration von Immunkomplexen nachweisen. Es handelt sich um Zusammenlagerungen von Komplexen aus Tumor-Antigenen und Antikörpern, die bei der Immunabwehr von Krebszellen entstehen. Krebszellen können nämlich sozusagen ihre Antigene abwerfen, außerdem bleiben auch nach der Zerstörung einer Krebszelle ihre Antigene übrig. Sie werden von den T-Zellen trotzdem als Feind markiert. Krebsantigene und Antikörper heften sich wie Knäuel aneinander und führen das Immunsystem letztlich auf eine falsche Fährte. Einige Wissenschaftler gehen davon aus, dass je mehr Immunkomplexe im Blut gefunden werden, um so schlechter die Prognose ist, d. h. um so ungünstiger sind die Heilungschancen und Überlebensraten des Patienten. Man konnte im Reagenzglas und auch bei Versuchstieren nachweisen, dass sich Immunkomplexe mit Hilfe von Enzymkombinationen auflösen lassen. Die proteolytischen Enzyme hemmen zudem auch die Neuentstehung und Ablagerung von Immunkomplexen.

Ein weiterer Escape-Mechanismus (Escape = englisch Flucht) von Krebszellen besteht darin, dass sie die Bildung von Fibrin anregen und sich auf diese Weise mit einer Fibrinhülle umgeben. In dieser versinken sozusagen die verräterischen Antigene, die Krebszelle schummelt sich wie unter einer Art Tarnkappe an den Immunzellen vorbei. Die Fibrinhülle hat zweitens zur Folge, dass sie klebrig ist. Die Krebszellen bleiben dadurch besser an den Wänden von Gefäßen haften – ein Vorgang, der bei der Entstehung von Tochtergeschwülsten (Metastasen) wichtig ist. Enzyme lösen diese Fibrinhülle auf, sodass die Krebszelle enttarnt und für die Abwehrzellen als Feind erkennbar wird.

Enzyme stimulieren das Immunsystem

Die Enzyme Trypsin, Chymotrypsin, Papain und Bromelain regen die Aktivität der Makrophagen und der T-Zellen an. Am besten ist die Wirkung, wenn man diese Enzyme miteinander kombiniert. Als Folge dieser Anregung wird insbesondere die Ausschüttung von so genannten Zytokinen angeregt. Es werden vor allem höhere Mengen an Tumornekrosefaktor (TNF) und Interleukinen ausgeschüttet.

Zytokine sind Botenstoffe, mit denen sich die Zellen des Immunsystems verständigen. Insbesondere sind sie bei der Entzündungsreaktion beteiligt. Es gibt Zytokine, die die Entzündung fördern (pro-inflammatorische Zytokine). Ihre Aufgabe ist es vor allem, zu Beginn einer Immunabwehrreaktion die Abwehrzellen auf eine Fremdsubstanz aufmerksam zu machen, weitere Immunzellen vor Ort zu lotsen und somit den Abwehrkampf zu verstärken.

Andere Zytokine wirken entzündungshemmend (anti-inflammatorisch). Sie sind gefragt, wenn die Immunabwehr erfolgreich abgeschlossen ist und nun die Entzündung allmählich heruntergeregelt werden kann.

Enzyme greifen in die Zytokin-Ausschüttung regulierend ein. Wo es an Zytokinen mangelt und die Immunantwort deshalb zu schwach ausfällt, kurbeln sie die Ausschüttung von pro-inflammatorischen Zytokinen an. Besteht das Problem eher darin, dass eine Entzündung nicht beendet wird, bewirken Enzyme, dass entzündungshemmende Botenstoffe produziert werden.

Veränderung von Adhäsionsmolekülen

Ädhäsion bedeutet Anziehung. Ädhäsionsmoleküle sitzen auf jeder Zelle. Sie dienen dazu, dass Zellen sich miteinander austauschen und auch, dass sie sich zu Zellverbänden und letztlich Organen zusammenschließen.

Adhäsionsmoleküle sind bei Immunzellen besonders wichtig, denn sie sind eine Voraussetzung dafür, dass die verschiedenen Zelltypen zusammenarbeiten. Sie spielen aber auch eine wichtige Rolle bei der Bildung von Metastasen. Enzyme regulieren ein Übermaß an solchen Molekülen nach unten. Die Krebszelle hat dann, vereinfacht gesagt, nicht mehr so viele Möglichkeiten, an anderen Zellen anzudocken und dort zu neuen Tochtergeschwülsten heranzuwuchern. Besonders wichtig bei Krebszellen ist ein Adhäsionsmolekül namens CD44 oder auch das Vitronektin bei Hautkrebszellen. Enzyme können die Ausbildung solcher Adhäsionsmoleküle auf Krebszellen »down« regulieren, und damit dem Entstehen von Tochtergeschwülsten vorbeugen.

Spaltung von TNF-Monstermolekülen

Der Tumornekrosefaktor (TNF) wird von aktivierten Fresszellen gebildet und führt speziell zur Auflösung von Krebszellen. TNF kann sich durch verschiedene Mechanismen mit anderen Substanzen zu Komplexen zusammenlagern, welche die Krebs abtötende Aktivität des TNF hemmen. Enzyme spalten solche TNF-Monstermoleküle wieder auf und aktivieren damit die Krebs abtötende Wirkung des TNF.

Beeinflussung des Blutgerinnungssystems

In letzter Zeit finden auch die Zusammenhänge zwischen der Blutgerinnung und der Ausbildung von Metastasen eine vermehrte Beachtung. Man weiß schon lange, dass es bei Krebserkrankungen auch häufiger zu Thrombosen und damit verbundenen Komplikationen kommt. Es besteht offenbar ein enger Zusammenhang zwischen der Blutgerinnung, der Schwere der Erkrankung und der Metastasierung. So fand man heraus, dass Krebszellen, wenn sie (unter Laborbedingungen im Reagenzglas) in »gesundes« Blut geraten, die Blutgerinnung derart beeinflussen können, dass das Blut schneller gerinnt und sich leichter Thromben ausbilden können.

Die Blutgerinnung spielt zudem eine wichtige Rolle dafür, wie es die Tumorzellen schaffen, Blut- und Lymphgefäße auszubilden, über die ihr erhöhter Bedarf an Nährstoffen und Sauerstoff transportiert werden kann. Diese Neubildung von Gefäßen wird von einem Wachstumsfaktor gesteuert, der bei Krebserkrankungen von den Thrombozyten übermäßig produziert wird. Diese Überproduktion kann von Enzymen in normale Bahnen reguliert werden.

Anwendung von Enzymen zur begleitenden Krebstherapie

Die Dauer der Anwendung und Höhe der Dosierung richtet sich nach der Art und dem Stadium der Erkrankung und sollte von einem in der Enzymtherapie oder in Naturheilverfahren kundigen Arzt ermittelt werden.

Wenn möglich sollte eine systemische Enzymtherapie (in diesem Fall mit Wobe Mugos E) noch vor einem geplanten Operationstermin beginnen. Dabei muss aber berücksichtigt werden, dass vier Tage vor OP-Termin die Enzymtherapie unterbrochen werden muss, damit der Operateur, bedingt durch die blutgerinnungshemmenden Eigenschaften der Enzyme, keine erschwerten Bedingungen vorfindet. Als Dosierungsrichtwert kann gelten, dass bei Verdacht auf Vorliegen von Metastasen eine Dosis von dreimal vier Tabletten sinnvoll ist, wenn keine Metastasen erwartet werden, kann mit dreimal drei Tabletten vor OP-Beginn angefangen werden.

Unmittelbar nach der Operation kann die begonnene Enzymtherapie, nach vorheriger Absprache mit dem Operateur, wieder fortgesetzt werden. Die Wundheilung wird darunter deutlich gefördert. Sollte sich durch die feingeweblichen (histologischen) Untersuchungen nach der OP herausstellen, dass doch Metastasen vorhanden sind, sollte die Dosis entsprechend auf dreimal vier Tabletten erhöht werden.

Meist schließt sich an die Operation eine Chemo- und/oder Strahlentherapie an. Während der gesamten Zeit der Chemo- und/oder Strahlentherapie und drei Monate darüber hinaus sollten die Enzyme in gleichbleibender Dosis eingenommen werden. Wenn die Nachuntersuchungen zufrieden stellend ausgefallen sind und keine weiteren Tumoraktivitäten festgestellt werden konnten, kann auf die einjährige Erhaltungsdosis von dreimal zwei Enzymtabletten übergegangen werden. Wenn auch nach diesem Jahr alle Untersuchungsergebnisse so ausfallen, dass von einer Tumorzell-Inaktivität ausgegangen werden kann, beginnt die letzte Phase der Enzymtherapie mit einer Dosierung von dreimal einer Enzymtablette. Diese Dosis wird täglich bis zum Erreichen der Fünfjahresfrist nach Erstdiagnose der Tumorerkrankung eingenommen.

Auch bei erhöhten Anfangsdosierungen treten im Übrigen, wie umfangreiche Studien mit insgesamt weit über 1000 Patientinnen und Patienten belegen, nur in seltenen Fällen, im Durchschnitt nämlich bei fünf bis acht Prozent der Betroffenen, Nebenwirkungen auf. Diese sind jedoch bei der überwiegenden Zahl der Betroffenen moderat (Übelkeit, Blähungen, Durchfall) und meist durch eine kurzfristige Dosisveränderung beherrschbar.

Langfristige Folgeschäden von Krebs vermeiden

Enzyme stärken das Immunsystem. Sie dämpfen es dort, wo es überschießend reagiert, und regen es an, wo es zu schwach agiert. In Bezug auf die Krebserkrankungen ist es leider so, dass viele der aggressiven Therapien (Operation, Chemo- und Strahlentherapie), die den Tumor zerstören, auch das Immunsystem beeinträchtigen und ihrerseits zu lebensgefährlichen Folgeerkrankungen führen. Es besteht ein direkter Zusammenhang zwischen dieser Beeinträchtigung und den Heilungschancen, und man kann heute noch gar nicht genau auseinander dividieren, wieviele Fälle von Infektionen, erneutem Tumorwachstum oder Bildung von Metastasen auf den ursprünglichen Krebs, und welche auf seine Behandlung zurückgehen.

Ärzte und Wissenschaftler wie der Leiter des »Institutes zur wissenschaftlichen Evaluation naturheilkundlicher Verfahren« an der Universität Köln, *Prof. Josef Beuth,* fordern deshalb, dass Krebspatienten viel konsequenter als bisher immunologisch untersucht und therapiert werden. Es ist nämlich inzwischen möglich, die Aktivität und den Zustand des Immunsystems z. B. anhand der Zellzahlen, Antigene und Botenstoffe sehr genau zu messen. Immunologische Behandlungen wie auch die Enzymtherapie sollten, so *Beuth,* obligatorisch sein, um negative Entwicklungen kurzfristig zu erkennen und zum Wohle der Patientinnen und Patienten korrigieren zu können. Die Bestimmung des aktuellen Immunstatus des Patienten ist deshalb für alle komplementär-onkologisch tätigen Therapeuten eine Selbstverständlichkeit.

Enzyme: wirksam und sicher

Ein Medikament muss, kurz gesagt, eine Wirkung haben, seine Nebenwirkungen sollten zumindest in einem vernünftigen Verhältnis zu seinem Nutzen stehen, es sollte gut verträglich sein und sicher in der Anwendung, d. h. bei einer versehentlichen Überdosierung z. B. keine nicht zu kontrollierende Gefahr bedeuten. Alle diese Forderungen werden von Enzympräparaten erfüllt.

Medikamente, die – in Form von Tabletten, Tropfen oder Dragees – eingenommen werden, müssen an ihren Wirkungsort gelangen. Sofern sie nicht im Verdauungstrakt selbst ihre Heilwirkung entfalten, wie dies zum Beispiel Verdauungsenzyme, die zur Verbesserung der Verdauung eingenommen werden, tun, müssen sie die Darmwände unbeschadet durchdringen, um dann vom Blut zu den Zellen transportiert werden zu können.

Ob ein Wirkstoff in einem Medikament tatsächlich seinen »Wirkort«, also Zellen überall im Körper erreicht, ist in der Medizin bzw. Pharmakologie die Frage der Bioverfügbarkeit. Sie kann durch Laboruntersuchungen überprüft werden – man nimmt dann Zell- und Blutproben und misst nach, ob und in welcher Menge ein Wirkstoff am Ziel angekommen ist.

Warum werden oral eingenommene Enzyme nicht verdaut?

Enzyme wie Bromelain, Papain, Trypsin und Chymotrypsin sind letztlich nichts anderes als Proteine. Ohne Schutz würden sie daher im Magen vom Pepsin aufgespalten und zerstört werden. Es macht deshalb auch nicht viel Sinn, Ananas und Papayas in großen Mengen zu verzehren – trotzdem sollten sie öfter mal auf dem Speiseplan stehen, denn sie sind reich an Vitaminen (Co-Enzymen), Mineralien und Spurenelementen; ihre Enzyme werden jedoch im Magen aufgelöst.

Damit dies nicht passiert, werden Enzyme bei der Arzneimittelherstellung schonend isoliert und als Filmtablette in eine Schutzhülle verpackt, die aus natürlichen Wachsen, Stärke und Zellulose besteht. Diese Hülle schützt die wertvolle Fracht vor den Angriffen der aggressiven Magensäure und des eiweißspaltenden Pepsins. Im Dünndarm können sie dann durch die Darmwand in das Blut übertreten.

Genau diese Frage, ob nämlich Enzyme, die ja für Zellverhältnisse sehr große Moleküle sind (so ist das Papayaenzym Papain 200-mal so groß wie ein Asprinmolekül), durch die Darmwand gelangen können, wurde lange diskutiert.

Kritiker befanden, dass dies kaum möglich wäre, da die Öffnungen in der Darmwand, durch die alles geschleust werden muss, was zu den Zellen gelangen soll, schlichtweg zu klein seien. Inzwischen weiß man aber auch von anderen »Makromolekülen«, dass sie die Darmbarriere locker überwinden. Dazu gehört zum Beispiel – leider – auch das Gift, welches den Botulismus (Fleischvergiftung) auslöst. Dieses Gift ist ein Enzym, welches das Bakterium Clostridium botulinum ausscheidet, es ist drei- bis viermal so groß wie die in der Enzymtherapie genutzten Enzyme.

Ein positiver Beweis ist die Tatsache, dass Säuglinge, die mit Muttermilch ernährt werden, einen Schutz gegen bakterielle Erkrankungen erhalten. Dieser wird durch die Gamma-Globuline der Mutter vermittelt. Gamma-Globuline sind Antikörperkomplexe und stellen sehr große Moleküle dar. Diese Möglichkeit von Kindern, sehr große Moleküle zu resorbieren, soll – so nahm man jedenfalls früher an – im Laufe der Entwicklung allerdings verloren gehen. Dass dies nicht so ist, konnte jedoch inzwischen nachgewiesen werden.

Man markiert zu diesem Zweck Moleküle mit radioaktiven Isotopen und kann nun nachweisen, wohin diese Isotope wandern. So wurde in einem Tierversuch erwachsenen Hasen 1 g radioaktiv markiertes Trypsin verabreicht. Etwa zwei Stunden später war im Blutplasma ein Maximum an Radioaktivität erreicht, das Trypsin also aus dem Darm in das Blut übergetreten.

Beim Menschen hängt es von verschiedenen Faktoren ab, wieviel der eingenommenen Enzyme dem Organismus schließlich in aktiver Form zur Verfügung steht: Je nach Konstitution, Einnahmezeitpunkt und Ernährungsgewohnheiten sind es 15–30%. Dies erscheint vielleicht als wenig, reicht aber völlig aus, um eine hohe Wirkung zu entfalten, denn jedes einzelne, resorbierte Enzymmolekül löst eine immunologischen Reaktion aus, die sich verstärkend oder hemmend auf das Immunsystem auswirkt.

Welche Nebenwirkungen haben Enzympräparate?

Ein oft zitierter Ausspruch in der Medizin besagt, dass etwas, was nicht wirke, auch keine Nebenwirkungen habe. Umgekehrt bedeutet dies, dass bei allem, was eine Wirkung erzeugt, auch unerwünschte Nebenwirkungen auftreten können. Hierbei ist es aber natürlich von zentraler Bedeutung, wie gefährlich Nebenwirkungen sind. Es ist ein himmelweiter Unterschied, ob ein Medikament etwa die Nieren, Leber und Magenschleimhaut schädigt und die Schäden womöglich irreversibel (nicht rückgängig zu machen) sind, oder ob leichtere Beschwerden auftreten, die bei einem Absetzen des Mittels sofort verschwinden.

Enzyme werden von den meisten Menschen sehr gut vertragen. Dies liegt daran, dass es sich um völlig natürliche Proteine handelt. Nur in sehr seltenen Fällen, wenn nämlich ein

Patient allergisch auf Ananas- oder Papaya-Früchte reagiert, tritt eine allergische Reaktion wie Hautausschläge ein. Dann muss das Präparat sofort abgesetzt werden, die Symptome klingen meist schnell wieder ab.

Häufiger sind Nebenwirkungen, die vielleicht etwas unangenehm, aber recht harmlos sind: Völlegefühl, Blähungen, leichte Übelkeit. Diese lassen in der Regel nach, wenn Sie die Dosis etwas reduzieren und erst allmählich wieder steigern. Meist gewöhnt sich der Körper dann an die Enzyme.

Harmlos sind leichte Veränderungen von Stuhlsbeschaffenheit, -farbe und -geruch; oft wird der Stuhl auch weicher, was Menschen, die zu Verstopfung neigen, aber eher begrüßen.

Zum Wirkspektrum der Enzyme gehört es, dass sie die Gerinnungseigenschaften des Blutes beeinflussen (siehe Seite 68). Eine Verminderung der Gerinnungsfähigkeit des Blutes kann bei der Einnahme nicht ausgeschlossen werden. Dies ist wichtig, wenn bei Ihnen eine Operation ansteht. Hier sollten Sie den Arzt darüber informieren, dass sie Enzyme einnehmen.

Wer sollte Enzymtabletten nicht einnehmen?

Eine absolute Kontraindikation besteht, wenn Sie an einer Allergie gegen Ananas, Papaya oder einen anderen Bestandteil der Dragees leiden. In diesem Fall dürfen Sie die Präparate nicht einnehmen.

Vorsicht ist angeraten, wenn sie an schweren Blutgerinnungsstörungen leiden. Dies ist bei der Bluterkrankheit (Hämophilie), bei schweren Lebererkrankungen oder Dialysepflicht der Fall. Hier dürfen Sie Enzyme nur nach Absprache mit Ihrem Arzt zuführen. Dies gilt auch, wenn Sie blutgerinnungshemmende Medikamente (z. B. Marcumar) erhalten.

In der Schwangerschaft und in der Stillzeit sind Enzyme wahrscheinlich unbedenktlich. Es gibt bislang keine Hinweise darauf, dass sie das Ungeborene oder den Säugling schädigen. Da aber hierzu noch zu wenige Untersuchungen durchgeführt wurden, sollten Sie in der Schwangerschaft und Stillzeit vorsichtshalber auf Enzymgaben verzichten.

Können auch Kinder Enzyme einnehmen?

Bis etwa zum 12. bis 14. Lebensjahr befindet sich bei Kindern das Immunsystem noch im Aufbau; es ist aber in dieser Zeit auch besonders potent. Das sieht man z. B. daran, dass Kinder viel schneller hohes Fieber bekommen, was bedeutet, dass eine Entzündungsreaktion bei ihnen viel effektiver abläuft als bei Erwachsenen. Trotzdem können auch Kinder, wenn auch wesentlich seltener als Erwachsene, an einem Enzymmangel und einer Immunschwäche leiden. Hier sollte die Behandlung aber in jedem Fall mit einem in der Enzymtherapie erfahrenen Therapeuten abgestimmt werden.

Ab dem Abschluss des Wachstums (ab 14 Jahren) gelten dann für Kinder die gleichen Empfehlungen und Hinweise wie für Erwachsene.

Was tun bei einer Überdosierung?

Wenn Sie versehentlich Enzyme in höherer Dosierung als vom Therapeuten verordnet eingenommen haben, besteht kein Anlass zur Sorge. Enzyme sind absolut sicher; eine tödliche Dosis konnte nicht ermittelt werden. So gab man Ratten und Meerschweinchen über sechs Monate hinweg eine Dosis Wobenzym, die bei einem 60 Kilo schweren Menschen der Menge von 250 Dragees entsprechen würde. Die Tiere vertrugen diese Megadosis ohne Probleme.

Warum ist es sinnvoll, verschiedene Enzyme (Kombinationen) zu nehmen?

Wenn wir uns vergegenwärtigen, dass im menschlichen Organismus mindestens 15 000 verschiedene Enzyme arbeiten, dann scheint es an ein Wunder zu grenzen, dass drei oder vier verschiedene Enzyme, von außen zugeführt, solche Effekte bewirken. Als Laie würde man eher vermuten, dass man viel mehr verschiedene Enzyme einnehmen müsste, um die Wirkungen auf das Immunsystem, die Blutgerinnung und die Entzündungsreaktion allgemein zu erzielen. Tatsächlich hat *Max Wolf* auch sehr viele verschiedene Enzyme und Kombinationen durchgetestet, bis er die heute übliche und anerkannte Zusammensetzung herausgearbeitet hatte.

Zurzeit wird in der Medizin und in der Gesundheitspolitik diskutiert, ob es nicht sinnvoller sei, nur noch Medikamente mit einem Wirkstoff (Monopräparate) zuzulassen. Man könne dann eindeutiger nachweisen, welche Wirkung genau auf einen bestimmten Inhaltsstoff zurückgehe und vermeintlich unsinnige Kombinationen vom Arzneimittelmarkt ausschließen. Hiermit will man natürlich vor allem auch Geld einsparen. Diese Diskussion geht aber an der Realität vorbei, denn bekanntlich nehmen viele ältere Menschen dauernd verschiedene Medikamente ein (häufig z. B. Mittel gegen Herzschwäche wie Beta-Blocker oder ACE-Hemmer plus Diuretika (entwässernde Medikamente)), was man wohl kaum abstellen kann, ohne den Patienten beträchtlich zu schaden. Außerdem sind viele Monosubstanzen bei genauerer Betrachtung chemisch gesehen Kombinationen. So besteht der berühmte Aspirin-Wirkstoff Acetylsalicylsäure aus Acetyl und Salicyl, und es gibt auch Medikamente, die nur Salicylsäure enthalten.

Im Bereich der Enzyme gibt es auch Monopräparate, die bei bestimmten Beschwerden gut helfen. So lindern reine Bromelain-Zubereitungen sehr gut Schwellungen und Schmerzen etwa bei Sportverletzungen. Andere Monoenzym-Präparate enthalten das aus der Bauchspeicheldrüse gewonnene Pankreatin, welches bei Verdauungsbeschwerden verordnet wird. Aber auch die meisten vorgeblichen Monoenzympräparate sind streng genommen Kombinationen: Pankreatin enthält ungefähr ein Dutzend verschiedener Enzyme, auch Papain und Bromelain setzen sich letztlich aus mehreren Enzymen zusammen.

Enzyme: Wirkstoffe der Zukunft

Enzyme beugen Erkrankungen vor

Heilen ist gut – vorbeugen ist besser

Den meisten Erkrankungen lässt sich vorbeugen. Dies betrifft nicht nur ältere, sondern jeden Menschen. Ein wichtiger Weg hierfür ist es, rechtzeitig darauf zu achten, dass unserem Körper genügend Enzyme und Co-Enzyme (Vitamine, Mineralstoffe und Spurenelemente) zur Verfügung stehen.

Erkranken wir trotzdem, kommt es darauf an, die Erkrankungen vollständig auszukurieren. In der Regel ist die Rekonvaleszenzzeit, also die Zeit, die der Körper etwa nach einer Infektion zur Erholung benötigt, wesentlich länger als die akute Phase. In der heutigen schnellebigen Zeit kehren die Menschen nach einer Krankheit meist viel zu schnell in den gewohnten Alltagstrott zurück.

Ist es etwa notwendig geworden, bei einer schweren bakteriellen Entzündung Antibiotika einzunehmen, so klingen die akuten Symptome schnell ab, das Fieber sinkt fast binnen Stunden, Husten und Schmerzen etwa bei einer Bronchitis lassen schnell nach. Trotzdem hat der Organismus noch Wochen damit zu tun, die Folgen auszuräumen, d. h. zerstörtes Gewebe zu reparieren, Immunkomplexe zu entsorgen, die durch die Antibiotika angegriffene Darmschleimhaut zu regenerieren. Auch hier besteht ein erhöhter Enzymbedarf, um das Immunsystem und die Reparatursysteme zu unterstützen.

Bei Überlastung und Stress enzymatisch vorbeugen

Oft wissen wir es lange vorher, wann eine gesundheitliche Belastung auf uns zu kommt: Dies kann eine ungewohnte körperliche Anstrengung sein, eine Klimaveränderung, womöglich verbunden mit Jetlag, eine berufliche Stressphase, eine Prüfung oder auch solche Dinge wie ein Umzug. Auch angenehme Ereignisse können trotzdem mit Stress verbunden sein und an die Substanz gehen, wie z. B. eine Hochzeit oder die lang erwartete Beförderung. In allen diesen Fällen macht es Sinn, den Körper und insbesondere sein Immunsystem rechtzeitig vorher zu stärken. Beginnen Sie, wenn eine Belastungsphase absehbar ist, bereits zwei Wochen vorher mit der zusätzlichen Einnahme von Enzymen, behalten Sie diese während der Belastung und auch noch etwa 14 Tage nachher bei.

Enzymkur sinnvoll bei Jahreszeitenwechsel

Frühjahrs- und Herbstkur

Hunderttausende schwören bereits darauf: Jeweils bevor die Wellen von Grippeerkrankungen im Spätherbst und nach dem Winter die Frühjahrsmüdigkeit hereinbrechen, verordnen sie sich selbst eine immunstabilisierende vier- bis sechswöchige Enzymkur. Zwar hat noch niemand wirklich erforscht, ob diese Kuren die Erkrankungshäufigkeit senken und das Befinden bessern – aber die Erfahrungen der Betroffenen, die diese Maßnahme einfach für sich zur Regel gemacht haben, sprechen für sich.

Der Gesunde wird nicht krank

Eine Volksweisheit besagt: »Der Gesunde wird nicht krank«. Diese Aussage beschreibt kurz und bündig, worum es geht. Ein gesunder Körper ist nämlich in der Lage, seine Selbstheilungskräfte zu mobilisieren. Heilung ist immer und in erster Linie Selbstheilung. Selbst wenn die Medizin mit Antibiotika oder Operationen helfen muss, so sind es letztlich die Reparatur- und Aufräumaktivitäten des Körpers, die darüber entscheiden, ob der ärztliche Eingriff erfolgreich ist. Unser Körper repariert eigenständig Verletzungen bis hin zu Knochenbrüchen, wehrt Infektionen ab, löst Blutgerinnsel auf und entsorgt wodurch auch immer beschädigte Zellen und Gewebe. Diese Selbstheilungsprozesse werden entscheidend von Enzymen gesteuert. Daraus folgt, dass ein gesunder Körper ausreichend mit Enzymen versorgt sein muss und dass ein Mangel an Enzymen krank macht.

Dieser Schluss ist richtig, er bedeutet aber nicht, dass es ausreicht, ab einem bestimmten Lebensalter lediglich hin und wieder Enzymtabletten einzunehmen und ansonsten nichts zu ändern. Wahrheiten sind immer einfach: Die beste Vorbeugung von Erkrankungen ist auf die einfache Formel zu bringen:

Gesundheit =
Ernährung × Bewegung

Ernährungsfehler (inklusive des Konsums von Genussgiften) und Bewegungsmangel sind in den Industrieländern die Hauptrisikofaktoren für Erkrankungen jeglicher Art: Wir essen zuviel und das Falsche und wir bewegen uns zu wenig. Hinzu treten weitere Risikofaktoren, die v.a. durch die Umwelt drohen, wie Umweltverschmutzung und ultraviolette Strahlung – da wir diese nur zum Teil meiden können, ist es um so wichtiger, das zu beherzigen, was wir selbst tun können.

Enzyme und Ernährung

Ein großer Teil der in unserem Körper produzierten Enzyme dient der Verdauung. Nur durch Enzyme kann die Nahrung so aufgeschlüsselt und zerlegt werden, dass sie tatsächlich für den Körper verwertbar ist. Wenn wir laufend zu viel essen oder uns zu einseitig ernähren, indem wir etwa die eiweiß- und die fettspaltenden Enzyme mit Riesenmengen von tierischen Proteinen und Fetten bombardieren, so kommen die Enzyme mit der Verdauung nicht mehr nach. Es treten als erstes unangenehme Verdauungsbeschwerden auf wie Völlegefühle und Blähungen.

Schreitet die Über- und Fehlernährung voran, so entstehen im Körper im Laufe der Jahre und Jahrzehnte Störungen des Stoffwechsels. Manche Ärzte sprechen auch davon, dass sich im Organismus Stoffwechsel-Abfallprodukte als »Schlacken« ablagern, die das Gewebe schädigen und die Blut- und Lymphbahnen verstopfen. Solche Schlacken hat man bislang zwar nicht unter dem Mikroskop finden können, trotzdem ist das Sinnbild nicht falsch: Die Überernährung erschöpft die enzymatischen Ressourcen, die womöglich dann an anderer Stelle fehlen.

Dies um so mehr, wenn – wie es heutzutage sehr häufig schon bei Kindern der Fall ist – die Überernährung mit Fehlernährung einhergeht. Eine Hauptsünde der »modernen« Ernährung besteht darin, dass wir viel zu wenig und zu selten natürliche und naturbelassene Lebensmittel zu uns nehmen: frisches Obst, frische Rohkost, frisch geschrotenes Vollkorn. Gemüse sollte nur ganz kurz gedünstet werden, Milchprodukte möglichst naturbelassen sein. Statt dessen stehen viel zu häufig industriell (vor)gefertigte Nahrungsmittel und Fast Food auf unserem Speiseplan. Aber auch die gute »bürgerliche« Küche verwandelt durch lange Garzeiten, Grillen und Frittieren lebendige Nahrungsmittel in tote.

Was passiert beim Kochen?

Unsere Nahrungsmittel enthalten im Naturzustand einen Teil der Enzyme, die wir zu ihrer Verdauung benötigen, bereits selbst; diese Nahrungsenzyme entlasten den Verdauungsapparat. Durch lange Lagerung (lange Transportwege) werden diese Enzyme schon zum Teil abgebaut, das Kochen gibt ihnen dann den Rest. Die meisten Enzyme denaturieren bei Temperaturen ab 45 °C. Das Gleiche gilt auch für Vitamine, die für die enzymatischen Prozesse wichtigen Co-Enzyme. Was übrig bleibt, ist relativ wertlos, d. h. es liefert zwar Kalorien, aber keine Vitalstoffe. Auch Mineralien und Spurenelemente fehlen unserer »modernen« Kost. Dies hat auch mit dem übermäßigen Einsatz von Düngemitteln zu tun. Die Pflanzen wachsen schneller, lagern aber weniger Mineralien und Spurenelemente ein – deshalb lohnt es sich, Waren aus kontrolliertem Anbau zu kaufen, die es erfreulicherweise inzwischen immer häufiger auch zu moderaten Preisen gibt.

Nach den Richtlinien für eine gesunde Ernährung der »Deutschen Gesellschaft für Ernährung« (DGE) sollen Obst, Salat, Rohkost, schonend gegartes Gemüse und Vollkornprodukte die Hauptenergielieferanten der täglichen Nahrung bilden; es sollten z. B. pro Tag alleine fünf Portionen (à ca. 200 g) Obst, Rohkost, Gemüse oder Salat auf dem Speisezettel stehen. Tatsächlich schaffen es viele Leute nicht einmal, pro Tag einen Apfel und einen kleinen Salat* zu essen.

Zwei Drittel der Energie sollten zudem aus Kohlenhydraten stammen, und zwar überwiegend aus vollwertigen Produkten (den so genannten langkettigen Kohlenhydraten), und nur sehr wenig aus einfachen Zuckern (Süßigkeiten, Softdrinks usw., auch Honig und Traubenzucker). Demgegenüber sollten Fett und tierisches Eiweiß zusammengenommen nur ein Drittel der Energie liefern – in der Praxis ist es leider oft umgekehrt: aus Fett und tierischem Eiweiß stammen zwei Drittel der Nahrungskalorien und belasten den Organismus und die Enzyme täglich aufs Neue.

Wer rastet der rostet

Jeder weiß es: Bewegung hält gesund. Der Mensch ist nicht dazu geschaffen, den größten Teil seiner Lebenszeit bloß sitzend oder liegend zu verbringen. Genau das tun wir aber – wenn auch oft durch »sitzende Berufe« gezwungenermaßen. Bewegungsmangel führt nicht nur dazu, dass Knochen und Gelenke schwächer werden und – mangels Training – auch der Herzmuskel (von der sonstigen Muskulatur ganz zu schweigen). Bewegungsmangel schadet auch dem Stoffwechsel und schwächt das Immunsystem. Zwar stellt man bei Hochleistungssportlern zunächst das Gegenteil fest: nach extremen körperlichen Belastungen sinkt die

---

* Wobei man den beliebten »grünen Salat« als Lieferanten von Vitalstoffen fast vergessen kann, er besteht fast nur aus Wasser; wertvoller ist Rohkostsalat aus Tomate, Gurke, Paprika, Karotte, Fenchel, Radieschen, Sellerie, Kohlsorten, Frühlingszwiebeln, Pilzen .... usw. usf.

Zahl der Immunzellen ab, was vermutlich auf eine Übererregung zurückgeht und Sportler anfälliger für Infektionen macht.

Es fordert aber auch niemand, dass wir extrem Sport betreiben sollen, wenn es heißt, dass mehr Bewegung nötig wäre. Gemeint sind immer moderate, ausdauerbetonte Formen wie Wandern, Schwimmen, Rad fahren, Gymnastik – das Wichtigste ist eigentlich, dass diese Aktivitäten Spaß und Freude bereiten, denn nur so kann man sie auf Dauer regelmäßig, am besten täglich, mindestens aber dreimal wöchentlich für 30 Minuten ausüben. Diese Bewegungsformen dienen der äußerlichen und »inneren« Fitness. Äußerlich, indem wir vitaler, gesünder und jugendlicher aussehen, innerlich, indem wir Herz-Kreislauf- und Gelenkerkrankungen vorbeugen und das Immunsystem in moderater, gesunder Weise anregen.

Enzyme verlängern das Leben

Anti-Aging: Gesund alt werden

Bereits ab dem 40. Lebensjahr, also etwa in der Mitte der in unseren Breitengraden statistischen Lebenserwartung, setzt das ein, was man als »altersbedingte Abbauerscheinungen« bezeichnet. Der Stoffwechsel verlangsamt sich, an den großen Gelenken werden die ersten »Verschleißerscheinungen« sichtbar, die Vorboten von Herz-Kreislauf-Erkrankungen wie erhöhter Blutdruck, Übergewicht und erhöhter Blutzuckerspiegel schleichen sich ein. Was das Nervensystem betrifft, so wird etwa die Reaktionsgeschwindigkeit langsamer und die Leistungen des Gedächtnisses lassen nach. Der ältere Organismus wird mit Erkrankungen nicht mehr so gut fertig, und er wird auch häufiger krank mit der Neigung zu Chronifizierungen, denn das Immunsystem arbeitet nicht mehr so effektiv wie bei einem jungen Menschen. Dies hängt zu einem großen Teil damit zusammen, dass mit zunehmendem Alter der Körper auch nicht mehr die Enzyme, die er benötigt, selbst produzieren kann. Damit mangelt es uns an den Biokatalysatoren, die alle in unserem Körper ablaufenden biologischen Reaktionen steuern und aufeinander abstimmen. Wir nehmen diese Entwicklungen mit einer gewissen Schicksalsergebenheit hin: wir sind nun einmal keine »jungen Hüpfer« mehr, und wenn bereits Leistungssportler mit 30 Jahren zum »alten Eisen« gehören, so ist es kein Wunder, wenn wir als normal trainierte Personen beim Treppensteigen ins Keuchen geraten und lieber den Aufzug nehmen.

Warum altern wir überhaupt?

Alterung entsteht offenbar v.a. durch zwei Einflüsse: zum einen ist die Fähigkeit der Zellen zur Selbsterneuerung begrenzt, zum anderen schädigen freie Radikale das Gewebe.

Eine Zelle kann sich, von Geburt an gerechnet, zirka 50-mal teilen, bevor sie zugrunde geht. Man weiß noch nicht genau, ob es sich bei der verminderten Zellteilung um genetisch festgelegte Programme handelt oder ob es durch eine ansteigende Fehlerquote schließlich zum Absterben der Zellen kommt.

Man weiß aber, dass jedes Chromosom in bestimmten Abständen Teilungszähler trägt, so genannte Telomere, die bei jeder Zellteilung etwas kürzer werden. Sind diese Telomere nach vielen Teilungen auf eine bestimmte Kürze abgebaut, kommt es zum programmierten Zelltod, der Apoptose (siehe Seite 38). Dieses System schützt den Körper zum einen vor nicht kontrollierbaren Zellteilungen wie bei Tumorzellen, führt aber auch dazu, dass im Alter mehr Zellen absterben, als gesunde neue gebildet werden, was offenbar vor allem das Immunsystem betrifft. Hinzu kommt, dass die alternde Zelle zunehmend ihre Fähigkeit verliert, auf Hormone, Enzyme, und andere aktivierende Stoffe anzusprechen, die Leistungsfähigkeit der Zelle zur Produktion von Enzymen und anderer Substanzen nimmt ab. Schließlich versagen ganze Zellverbände, Organe und letztlich der ganze Körper.

Freie Radikale und Antioxidanzien

Beim Alterungsprozess spielen die so genannten »freien Radikalen« eine wichtige Rolle. Freie Radikale sind aggressive Sauerstoffmoleküle, die der Körper über komplizierte enzymatische Mechanismen unschädlich machen muss. Bei allen Stoffwechselprozessen entsteht Sauerstoff, der letztlich für die Zellatmung notwendig ist. Man schätzt, dass der menschliche Körper im Laufe eines Lebens ca. 15 bis 20 Tonnen Sauerstoff verbraucht und dabei eine bis zwei Tonnen Sauerstoffradikale produziert, die entschärft werden müssen.

Aber nicht nur bei der körpereigenen Energiegewinnung entstehen freie Radikale, auch Umweltbelastungen und Genussgifte lassen im Körper freie Radikale entstehen: UV-Strahlen, Ozon, Nikotin, Alkohol, psychischer und physischer Stress, Medikamente, Schwermetalle, Lösungsmittel, Konservierungsstoffe, künstliche Farbstoffe, Pflanzenschutzmittel, mehrfach ungesättigte Fettsäuren, Nitrate, elektromagnetische Strahlung.

Ein Sauerstoffmolekül besteht aus zwei Atomen Sauerstoff (O_2), ein freies Radikal besitzt nur ein Atom Sauerstoff. Freie Radikale sind sozusagen wildgewordene Sauerstoffatome, die sich um jeden Preis wieder zu Sauerstoffmolekülen vervollständigen wollen. Dabei sind sie äußerst aggressiv, es ist ihnen egal, von welchen Molekülen sie ihr fehlendes Sauerstoffatom nehmen: von Aminosäuren, Nukleinsäuren, Fetten oder Zuckerverbindungen. Sie lösen eine Oxidation aus. Die dabei entstehenden Fragmente können vom Immunsystem als fremd angesehen und bekämpft werden. Der Vorgang der Oxidation ist aus dem Alltag bekannt: Kupferdächer werden durch die Reaktion mit dem Luftsauerstoff grün, Messing läuft dunkel an, die Schnittflächen von Äpfeln oder Birnen verfärben sich bräunlich. Im

Körper schädigt diese Oxidation die Zellen und beschleunigt dadurch deren Alterung, sie schwächt das Immunsystem und möglicherweise verändert sie sogar das Erbgut. Man könnte sagen, freie Radikale bewirken, dass unsere Zellen »rosten«.

Der Körper ist mit einem hochkomplexen System ausgestattet, um anfallende freie Radikale eliminieren zu können. Viele Co-Enzyme wirken als Antioxidanzien und verhindern diese Schäden. Lebensmittel verfärben sich nicht, wenn man einige Tropfen Zitronensaft zugibt, Fette werden nicht ranzig, wenn ihnen Vitamin E zugesetzt wird. Zitronensaft enthält Vitamin C und ist wie Vitamin E ein natürlicher Stoff gegen die Oxidation. Diese so genannten Radikalenfänger (engl.: scavenger = Aasfresser) werden zum Teil vom Körper selber gebildet, müssen zum Großteil aber als Bausteine und Stoffe über die Nahrung zugeführt werden. Wichtig sind hier insbesondere Spurenelemente, Vitamine und sekundäre Pflanzenstoffe.

Ein wichtiges antioxidativ wirkendes Enzym der Zelle, die Superoxiddismutase benötigt zu seiner Funktion beispielsweise die Spurenelemente Kupfer, Kobalt, Mangan und Zink, die über die Nahrung in ausreichender Menge bereitgestellt werden müssen. Ein weiteres hier bedeutsames Enzym, die Glutathionperoxidase, die sich in den roten Blutkörperchen befindet, benötigt als Co-Enzym Selen.

Das Altern liegt in unserer Hand

Dass starke Abbauerscheinungen im Zuge des Älterwerdens »natürlich« seien, ist jedoch keineswegs wissenschaftlich untermauert; und was »normal« ist, meint lediglich das, was sehr häufig ist und deshalb zur Norm gehört. Es gibt sogar Autoren, die meinen, dass es von der natürlichen, biologischen Ausstattung des Menschen her betrachtet überhaupt keinen Grund für einen größeren vorzeitigen Leistungsverlust gebe. Sie beziehen sich auf Beispiele aus dem Tierreich, wo man beobachtet – zumindest bei wild lebenden Tieren –, dass diese bis kurz vor ihrem natürlichen Tod vital und auf der Höhe ihrer körperlichen Ressourcen bleiben.

Ein ausbalanciertes Immunsystem im Alter ist wichtig

Unter anderem, so sagt man, deshalb, weil sie sich ausschließlich von Rohkost ernähren und sich viel bewegen. Aber selbst wenn Sie an Ihre mit Industrienahrung gefütterte Hauskatze denken, die 20 Jahre und älter werden kann, so ist es auch bei ihr nicht so, dass sie bereits mit zehn Jahren aufhört, große Sprünge zu machen. Zwar sind Tiere keine Menschen, wir teilen aber mit höheren Wirbel- bzw. Säugetieren sehr viele unserer Gene. Mit den Schimpansen, unseren nächsten Verwandten im Tierreich, haben wir 99,5% des Genoms gemeinsam.

Altern muss also nicht zwangsläufig mit Schwäche und gar Siechtum in Verbindung stehen. Unsere auf Jugend fixierte Gesellschaft neigt viel zu sehr dazu, das Alter (und dieses beginnt bereits, wenn man oberhalb der Hauptzielgruppe der Werbung, nämlich den 14- bis 49-Jährigen liegt) abzuwerten.

Die Wahrheit ist, dass die Menschen immer älter werden und im Alter immer gesünder sind:

- Die Lebenserwartung in den westlichen Industrienationen steigt kontinuierlich an. Derzeit verlängert sie sich jedes Jahr um drei Monate. Um 1900 betrug sie für Frauen lediglich 43,3 Jahre und für Männer gar nur 40,6 Jahre. Derzeit werden in Deutschland Männer im Durchschnitt 74,4, Frauen 80,6 Jahre alt.
- Auch für ältere Menschen gilt dieser Trend: Wer heute 60 ist, hat – immer nach dem statistischen Durchschnitt – noch 23 Jahre vor sich, wer 70 ist, hat gute Chancen, auch 90 zu werden.
- Die steigende durchschnittliche Lebensdauer ist nicht nur die Folge davon, dass die Säuglingssterblichkeit gesunken ist, sich die allgemeinen Lebensumstände verbessert haben und dass ca. 1950 die Antibiotika entdeckt wurden. Sie liegt, wie Statistiker ausführen, seit etwa 1970 tatsächlich daran, dass die Sterblichkeit alter Menschen nachgelassen hat.
- So wird die Zahl der Hochbetagten immer höher: 1965 lebten in Deutschland 265 Hundertjährige, heute sind es bereits 7500 (über 95 Jahre sind derzeit ca. 90 000 Menschen), 2025 werden es fast 50 000 Hundertjährige sein, wenn sich der Trend so fortsetzt.
- Die meisten hochbetagten Menschen sind nicht pflegebedürftig. Vielmehr leben sogar von den über 85-Jährigen noch 70 Prozent in ihrer eigenen Wohnung und bewältigen kompetent ihren Alltag. Die Älteren von heute sind, wie Fachleute feststellen, viel gesünder und kompetenter, als es noch unsere Eltern und Großeltern im gleichen Alter waren.

Alte Alte, junge Alte

Die übliche Einteilung in »alt« und »jung« trifft heute nicht mehr zu. Manch einer ist bereits mit 55 Jahren ein »alter Alter«, andere Menschen sind noch mit 85 »junge Alte«, wie es die Altersforscherin *Ursula Lehr* ausdrückt. Ausschlaggebend ist nicht das Kalenderalter, sondern das »functional age«, d. h. unsere Fähigkeiten in verschiedenen körperlichen und geistig-seelischen Bereichen. In diesem Zusammenhang hat sich die Gerontologie (»Lehre vom Alter«) auch von einem Denkmodell verabschiedet, welches lange Zeit vorgeherrscht hat und das man als das »Defizit-Modell des Alters« bezeichnet hat.

Wie werden wir »junge Alte«?

Die meisten altersbedingten Beschwerden und Erkrankungen, die Menschen zu »alten Alten« werden lassen, haben damit zu tun, dass unser Immunsystem schwächer wird und die körpereigene Produktion von Enzymen abnimmt. Deshalb wird der Körper nicht mehr so gut mit Infektionen, Krebszellen und Umweltbelastungen fertig. Gelingt es, das Immunsystem durch Enzyme nachhaltig zu unterstützen und zu stabilisieren, sollte sich dies auf unsere Lebenserwartung und Lebensqualität positiv auswirken. Enzyme werden deshalb auch von vielen Fachleuten als »Anti-Aging«-Mittel betrachtet.

Wie Falten entstehen

Der Hauptfaktor der Hautalterung liegt eindeutig im Einfluss der UV-B-Strahlung, die Enzymkaskaden der Entzündungsreaktion aktiviert. Diese zerstören das Bindegewebsgerüst der Haut. Ein Sonnenbrand stellt eine ernste Hautverletzung dar. Aber schon nach wenigen Minuten einer intensiven Sonnenbestrahlung im Sommer lässt sich nicht nur für Stunden, sondern für Tage die gesteigerte Enzymaktivität nachweisen. Besonders die Schädigung der elastischen Fasern, die netzförmig die Haut spannen, führt dazu, dass die Haut erschlafft und Falten bildet.

Man geht heute davon aus, dass der menschliche Organismus biologisch auf eine Lebenserwartung von 115 Jahren ausgelegt ist. Dieses hohe Alter wird bekanntlich bisher nur in sehr seltenen Fällen erreicht, auch wenn, wie eben gesagt, die Zahl der über Hundertjährigen ansteigt.

Die Lebenserwartung ist zum einen genetisch bedingt. Wer Vorfahren (Eltern, Großeltern) hat, die sehr alt wurden, hat gute Aussichten, diese Gene geerbt zu haben und ebenfalls sehr alt zu werden. Mehr noch als die Gene bestimmt aber unsere Lebensweise darüber, ob wir bis ins hohe Alter vital und gesund sind, oder ob wir krank werden und relativ früh versterben. Man schätzt, dass zwei Drittel bis drei Viertel des Einflusses auf die Lebenserwartung davon bestimmt wird, wie gesund oder ungesund wir leben.

Es ist nie zu spät

Alle Forschungsergebnisse zum Thema des Alterns machen Mut: Es lohnt sich, wenn wir auf unsere Gesundheit achten, schädliche Lebensgewohnheiten aufgeben, und uns statt dessen gesundheitsförderlich verhalten. Dazu gehört auch sehr essenziell die bewusste Versorgung unseres Körpers mit Enzymen. Die Fortschritte der Medizin und eine gesundheitsbewusstere Lebensweise haben immerhin in den letzten 100 Jahren zu einer Verdoppelung der Lebenserwartung geführt. Nach einer Schlussfolgerung der WHO ist es weltweit nicht nur wichtig, das Leben zu verlängern (Add Years to Life: Füge dem Leben Jahre hinzu), sondern auch, seine Qualität zu verbessern (Add Life to Years: Füge den Jahren Leben hinzu). Wir in den westlichen Industrieländern stehen – glücklicherweise – vor allem vor der zweiten Aufgabe: Add Life to Years. Wir sind in der glücklichen und privilegierten Situation, dass unser Leben nicht vom Verhungern bedroht ist oder davon, dass wir keinen Zugang zu den Fortschritten der Medizin haben.

Glossar

Adhäsionsmoleküle	Adhäsion bedeutet Anhaften. A-Moleküle dienen der Kommunikation und dem Zusammenschluss von Zellen. Sie sind auf Zelloberflächen anzutreffen. Bei der Entstehung von Krebs-Metastasen ist das A-Molekül CD44 von Bedeutung.
Allergen	Ein eine Allergie hervorrufender Stoff wie z. B. Pollen.
Allergie	Unangemessene Abwehrreaktion des Immunsystems auf harmlose Substanzen, die eine Entzündungsreaktion hervorruft.
Aminosäuren	Organische Verbindungen, die die Proteine bilden. Es gibt 20 verschiedene Aminosäuren, die von Enzymen gemäß dem Bauplan der DNS zusammengebaut werden.
anaphylaktischer Schock	Gefährlichste Auswirkung einer allergischen Reaktion, bei dem Lebensgefahr besteht.
Antibiotika	Substanzen, die hauptsächlich von Mikroorganismen produziert werden und das Wachstum anderer Mikroorganismen, besonders von Bakterien, hemmen können.
Antigene	Nicht körpereigene Substanzen, die das Immunsystem zur Produktion von Antikörpern anregen.
Antikörper	Besondere Proteine, die von Immunzellen produziert werden, um fremden Antigenen entgegenzuwirken.

Autoimmunerkrankung	Das Immunsystem hält das eigene Gewebe irrtümlich für fremd und startet eine Immunreaktion gegen körpereigene Zellen.
Bakterien	Einzellige Mikroorganismen. Die meisten Bakterien sind gutartig, manche lösen Erkrankungen aus.
B-Gedächtniszellen	Werden während einer Immunantwort gebildet und sind bei nochmaliger Infektion in der Lage, sofort spezifische Antikörper zu bilden.
Chemotherapie	Behandlung von Tumoren durch zytotoxische (zellabtötende) Chemikalien.
Chromosom	Teil des Zellkerns. C.en sind die Träger des Erbgutes mit allen Informationen, die die Entwicklung und die Aktivitäten des Körpers steuern.
chronische Polyarthritis	Autoimmunerkrankung, bei der die Gelenke angegriffen werden.
DNS	Abkürzung von Desoxyribonukleinsäure. Die DNS trägt die Erbsubstanz des Organismus und befindet sich in den Chromosomen.
Erythrozyten	Rote Blutkörperchen; für den Sauerstofftransport zu den Zellen zuständig.
Fibrinogen	Ist bei der Blutgerinnung behilflich. Es ist eine Vorstufe des Blutfaserstoffs Fibrin.
Fibrinolyse	Auflösung des in Blutgerinnseln zusammengelagerten Blutfaserstoffes Fibrin mittels eiweißauflösender Enzyme.

Gen	Kleinste Einheit der Erbinformation; ein Gen steuert die Produktion eines Proteins, indem es die Abfolge der Aminosäuren festlegt.
Genom	Summe der Erbanlagen eines Organismus.
Gentechnik	Verfahren zur gezielten Veränderung des Erbguts von Organismen.
Glycoproteine	Eiweiße, an die Zuckermolekülketten gebunden sind. Die Glycosylierungen (»das Anhängen von Zucker«) werden von spezifischen Enzymen ausgeführt; die »Glycosylierungsmuster« sind charakteristisch für die jeweiligen Zelltypen, in denen sie stattfinden.
Granulozyten	60–70% der weißen Blutkörperchen sind Granulozyten. Sie gehören zum nicht-spezifischen Immunsystem. Häufigster Typ der weißen Blutkörperchen; G. werden durch Verletzungen und Infektionen angezogen und phagozytieren im Gewebe Bakterien.
Histamin	Wird von den Mastzellen ausgeschüttet und leitet Entzündungen ein; erhöht den kapillaren Blutfluss in den betroffenen Bereichen.
Immunisierung	Unempfindlichkeit gegen Pathogene durch Impfung.
Immunkomplex	Verbindung von Antigenen mit Antikörpern, die bei der Immunabwehr entsteht. Werden I. nicht aufgelöst, wirken sie ihrerseits als Auslöser von neuen Entzündungen.
Immunoglobuline	Abgekürzt als Ig. Verschieden geformte Antikörper gegen Antigene. Man kennt IgG, IgA, IgM, IgE und IgD.

Immunsuppression	Unterdrückung oder Abschwächung der Abwehrreaktion des Körpers, kann durch Medikamente (Immunsuppressiva) gezielt ausgelöst werden.
in vitro	Lat. im (Reagenz-)Glas.
in vivo	Lat. im Lebewesen, im Körper.
Interferon	Signalstoff, den von Viren befallene Zellen ausschütten, um andere Zellen zu warnen.
Interleukin	Signalstoff der Lymphozyten und Makrophagen; Zytokinin zur Aktivierung anderer Immunzellen.
Katalysator	beschleunigt biologische und chemische Reaktionen, ohne sich selbst dabei zu verändern.
Killerzellen	Lymphozyten, die andere Zellen direkt abtöten können.
Knochenmark	Gewebe innerhalb der großen Röhrenknochen; Bildungsstätte aller Blutzellen und von Immunzellen.
Komplementsystem	Teil des nicht spezifischen Immunsystems, steuert durch eine hintereinandergeschaltete Aktivierung von Enzymen die Immunreaktion.
Krebs	Gruppe von mehr als 100 verschiedenen Krankheiten. Krebs entsteht, wenn Zellen in einen abnormen Zustand übergehen und sich unkontrolliert teilen.
Leukozyten	Weiße Blutkörperchen, sie werden eingeteilt in *Granulozyten*, *Lymphozyten* und *Monozyten.*

Lupus erythematodes	Autoimmunerkrankung, bei der unterschiedliche Organe und Gewebe angegriffen werden.
lymphatische Organe	Über den Körper verstreute Organe des Immunsystems: Lymphknoten, Mandeln, Milz, Thymusdrüse, Wurmfortsatz des Blindarms.
Lymphknoten	Verdickungen der Lymphgefäße; enthalten Lymphozyten, die sich bei einer Infektion teilen und zu antikörperbildenden Plasmazellen werden.
Lymphom	»Schwellung« eines Lymphknotens. Maligne Lymphome sind bösartige Tumoren des lymphatischen Systems.
Lymphozyten	20–30% der weißen Blutkörperchen sind L., die zur spezifischen Immunabwehr gehören, sie kommen als T- und als B-Zellen vor.
Lysozym	Enzym, das v. a. in der Tränenflüssigkeit und der Nasenschleimhaut vorkommt, wirkt abtötend auf Bakterien.
Makrophagen	»Große Fresszellen«, die körperfremde Substanzen (Bakterien, Mikroorganismen, Zelltrümmer und abgestorbene Zellen) enzymatisch auflösen.
Mastzellen	Granulozyten (Typ von weißen Blutkörperchen), die im Gewebe und den Schleimhäuten vorkommen. Sie sind an Entzündungsprozessen und Allergien beteiligt und schütten das Histamin und andere Entzündungsmediatoren aus.
Metastase	Tochtergeschwulst bei Krebs; Sie entsteht durch das Wachstum von einzelnen Krebszellen, die sich vom Primärtumor abgelöst und an anderen Stellen im Körper angeheftet haben.

Milz	Lymphatisches Organ links über der Niere; enthält Leukozyten zur Phagozytose verbrauchter Erythrozyten und Untersuchung des Bluts nach Antigenen.
Mitochondrien	»Kraftwerk« oder Energiezentralen der Zelle, sie enthalten die Enzyme der Atmungskette und gewinnen durch Oxidation aus den Nährstoffen die Energie.
Monozyten	Drei bis sechs Prozent der weißen Blutkörperchen sind Monozyten; sie sind der größte Zelltyp der weißen Blukörperchen, aus ihnen können sich Makrophagen entwickeln.
Multiple Sklerose (MS)	Autoimmunerkrankung, bei der die Markscheide der Nerven im Gehirn und Rückenmark von Immunzellen angegriffen wird.
Nicht-spezifisches Immunsystem	Das nicht-spezifische Immunsystem ist das natürliche angeborene Immunsystem, das sofort oder innerhalb einiger Stunden nach Erscheinen eines Antigens im Körper aktiv wird. Zu ihm gehören Fresszellen, Komplementsystem, Reaktionen der Haut und Schleimhäute und die natürliche Bakterienbesiedelung der Darmschleimhaut.
oral	Lat.: os = Mund; durch den Mund bei der Einnahme von Medikamenten
pathogen	Krankheiten auslösend, krank machend.
Phagozyten	Fresszellen (von phagere = fressen, zyt = Zelle).
Phagozytose	»Fressvorgang« von Immunzellen, bezeichnet die enzymatische Auflösung von Mikroorganismen, entarteten Zellen oder Zelltrümmern.
Plasma	Flüssige Bestandteile des Bluts.

Proteine	Wissenschaftliche Bezeichnung für Eiweiß. P. bestehen aus Ketten von Aminosäuren.
Radiotherapie	Behandlung mit radioaktiven Strahlen, um Krebszellen abzutöten.
Ribosomen	Komplexe Strukturen in Zellen, an denen die Synthese von Proteinen abläuft. Die als mRNS vorliegende genetische Information wird am Ribosom Triplett für Triplett in eine Abfolge von Aminosäuren innerhalb einer Proteinkette übersetzt.
RNS	Abkürzung von Ribonukleinsäure. Sie entsteht durch Transkription (Abschreiben) der DNS und enthält die »Bauanleitung« zur Herstellung eines Proteins.
signifikant	Begriff aus der Statistik: ein Unterschied zwischen zwei oder mehreren Messwerten ist signifikant, wenn er sich deutlich von zufälligen Schwankungen dieses Wertes unterscheidet.
spezifische Immunantwort	Immunreaktion, die gegen einen speziellen Erreger (spezielles Antigen) gerichtet ist.
spezifisches Immunsystem	Teil des Immunsystems, der fähig ist zu lernen und sich Dinge einzuprägen. B- und T-Lymphozyten und Antikörper sind Komponenten des spezifischen Immunsystems.
systemisch	Auf ein ganzes System einwirkend; in der Medizin ist mit System der ganze Organismus gemeint im Unterschied zu einer lokalen, örtlich begrenzten Wirkung.
T-Helferzellen	Lymphozyten, die bei der Immunantwort aktiviert werden und andere Zellen zur Immunreaktion aktivieren.

Thrombozyten	Blutplättchen, die an der Blutgerinnung beteiligt sind.
Thymusdrüse	Lymphatisches Organ im Halsbereich und hinter dem oberen Brustbein; dient zur Regulation der Lymphozytenentwicklung.
TNF-α	Abkürzung für Tumor-Nekrose-Faktor-Alpha, einem Botenstoff, der das Absterben (= Nekrose) von Krebszellen bewirkt. TNF-α ist aber auch wichtig bei der Abwehr von Bakterien und bei der Entzündungsreaktion.
T-Suppressorzellen	Immunzellen, die die Immmunantwort stoppen.
Tumor	Gewebe, das durch unkontrollierte Zellteilung entsteht.
Virus	Kleinste bekannte Lebensform ohne eigenen Stoffwechsel. Viren können in Zellen eindringen und ihr Erbgut einschleusen. Das Erbgut der Viren kann ins Genom der Zelle integriert werden. Es kommt zur Produktion neuer Viren und meist zum Tod der Wirtszelle.
Wirtszelle	Zelle, die eingeschleuste Viren oder Plasmide vermehrt und/oder gewünschte Produkte herstellt.
Zytokine	Körpereigene Signalsubstanzen bzw. Botenstoffe, die von Zellen des Immunsystems während der Immunantwort freigesetzt werden. Sie sind wichtig für die Entzündungsreaktion, Reparaturmechanismen von Gewebeschäden und sie stimulieren spezifisch das Wachstum von Zellen. Zu ihnen gehören u. a. Interleukine (IL), Interferone und Wachstumsfaktoren wie TNF.

Zytostatika	Hormonähnliche Substanzen, die das Wachstum und die Teilungshäufigkeit von Zellen bremsen. Z. werden zur Behandlung von Krebserkrankungen eingesetzt.